中小学教师专业发展标准及指导

社会科

中小学教师专业发展标准及指导课题组 编著

北京师范大学出版集团
BEIJING NORMAL UNIVERSITY PUBLISHING GROUP
北京师范大学出版社

图书在版编目(CIP)数据

中小学教师专业发展标准及指导.社会科/中小学教师专业发展标准及指导课题组编著.—北京：北京师范大学出版社，2012.9（2021.7重印）

ISBN 978-7-303-14499-0

Ⅰ.①中… Ⅱ.①中… Ⅲ.①社会科学课-教学研究-中小学 Ⅳ.①G633

中国版本图书馆CIP数据核字（2012）第120142号

营销中心电话 010-58809014
北师大出版社教育科学分社网 http://jykx.bnup.com
电子信箱 jiaoke@bnupg.com

出版发行：北京师范大学出版社 www.bnupg.com
北京市西城区新街口外大街12-3号
邮政编码：100088
印　　刷：天津中印联印务有限公司
经　　销：全国新华书店
开　　本：730mm×980mm 1/16
印　　张：10.75
字　　数：170千字
版　　次：2012年9月第1版
印　　次：2021年7月第5次印刷
定　　价：22.00元

策划编辑：路　娜　　责任编辑：路　娜
美术编辑：高　霞　　装帧设计：高　霞
责任校对：李　菡　　责任印制：马　洁

中小学教师专业发展标准及指导
丛书编委会

序

由北京教育学院组织，各方专业人士参与，研制《中小学教师专业发展标准及指导》，经过专家论证和反复修改即将出版，这是一件十分有价值的事情。

我参加了项目成果的评审论证会，与会的各位专家均对项目成果给予了积极的肯定，同时也补充了许多建设性意见，提供了许多思考的角度，有助于进一步深入研究并修改完善。我总地认为，该项成果意义重大，定位妥帖，特点突出。

首先，意义重大。该课题研究具有战略性的意义。为什么这么说呢？教育上要干的事很多，但是抓教师队伍建设始终是关键，2010 年国际教师节，联合国四大机构的负责人共同提出："复兴始于教师"。因此，对教师发展进行深入的理性的研究，促进教师科学发展，具有战略意义。北京教育学院能用十余年的时间坚守教师专业发展及其标准这样一个课题研究，表现出一种教育的自觉。在茅草屋底下的西南联大，出来那么多大师级人物，靠的是什么？导师！所以梅贻琦的外号叫"囤积教授的校长"。坚守教师专业发展的课题研究，确实具有深远的战略意义。

其次，定位妥帖。也就是定位科学、适度与适当。第一，定位在"教师专业发展"的标准，界定为在职教师的专业生涯领域，强调了职后的专业发展，强调了专业发展的阶段性与可持续性，这样就与教师资格标准有所区别、也与教师教育标准有所不同了。资格标准和教师教育标准主要涉及职前与入职，是做教师的基本要求；而教师专业发展标准恰好是前两者的延续、深化与补充。三个"标准"有机结合、相互衔接、功能互补，有助于形成我国教师专业化的标准体系。第二，定位在"业务指导性"上。有很多有关教师的素养、标准、目标，多是指令性的、规范性的，至于如何去操作，如何去实现，往往研究不够。但课题组的很多教师认真深入到学科教学当中去，真正在研究教育实践，研究教学实践中的问题和经验，所以能够对学科的特点、学科教学的特点以及学科教师的特点有较好的把握，在实践和理论相结合进行研究的基础上提出具体的指导建议，就很有针对性。所以，这个标准有利于教师自我发展，满足教师培训的需要。

最后，特点突出。主要包括以下几个特点：(1)引领性。现在我们的教师培训需要一个依据，教师自身的专业发展也需要一个依据。所以搞好一个标准，确实具有引领性。(2)发展性。从整体体例上看，纲、目都很清楚，但留有发展空间，不是死标准。给出空间，才能不断完善。(3)聚合性。这是一项综合性研究，牵涉到很多国家的研究成果，牵涉到很多理论问题和实践问题，又要兼顾很多现实情况。把这些东西综合在一起研究，体现了整体优化。(4)实用性。我们常说，中央已经连续不断地发文件强调培养创新人才。"连续不断发文"这也是当代中国教育的一个特点。我们现在拿出一个依据，至少在教师专业发展上可以在较长的时期起作用。(5)规范性。使教师专业发展方面更有章可循，减少随意性。

当然，也有些问题可以进一步研究，使标准更趋完善。

第一个问题，课题立足于"教师专业发展"，但是还没有摆脱教师资格标准的影子。因为教师资格分为初级、中级、高级。按照通常的教师专业发展，可以研究一下几类教师之间的相关性、同步发展的可能性有多大。例如，对于教师职业的热爱，入职阶段是否就只热爱一点，后来进入成熟阶段就更加热爱，到了专家阶段就人格完满、师德高尚了？十年左右教龄的教师常常会有职业倦怠，是不是发展的所有内容都是层次递进的？所以，我想发展与职级不一定直接相关。根据舒尔曼讲的7类教师专业发展知识，教师要掌握学科知识、一般教学法知识、学科教学知识、课程知识、学习者及其特点的知识、教育史、教育哲学，这样大分类后，每一个类里面可能又有层次。比如，德国制定的11类教师标准，也是按大类来分的，但每一类里面也有由浅入深的层次。欧盟制定的教师专业标准也是如此。将来可以继续研究：究竟哪个作为纲，哪个作为目。例如，以健全的人格和职业道德作为一个纲，我们可以分成不同层次，对教师就以不同层次进行评价。一位具体的教师，无论是哪一个级别，都要以层次进行评价。高级教师也不一定每一方面都是 A。也不一定老教师专业水平就最高，创新能力就最强，也许年轻人创新能力更强。所以要引导教师在自身基础上发展，使每个人向更高目标前进，而不是熬够年头才能达到高一级的标准。所以，作为专业发展的纲、目可以调整，而不是套用教师资格标准的纲目。这样可能有助于推动教师专业的发展。

第二个问题，是过程与结果的关系。注重过程很不错，但是应该更多地强调效果。按照 ISO 9000 的观念，有标准过程就有好的结果，但是教育专业发展实际不一定是这样的。怎样使过程与效果结合起来，不是教师想使学生得到发展，而是学生是否真的发展了。哥伦比亚大学前校长说，美国师范教育的失败是培养出来一批会教的教师，但是没有培养出来能把学生教会的教师。在信息化发展的时代，用标准化的过程不可能适应不同学生的发展需要，最终评价教师是学生的发展。我们一定要重视过程，但也要重视结果。

希望这项研究成果在实践中产生积极效应，并通过实践不断完善。

国家教育咨询委员
国家总督学顾问
联合国教科文组织协会世界联合会副主席

目　　录

第一部分 前 言

教育大计，教师为本。高素质专业化的教师队伍是学生健康成长、学校持续改进、教育质量不断提升的关键因素和重要保障。提高教师质量的途径之一，是通过研制教师专业发展标准，来引导教师专业发展的方向、内容和评价。这是提高教师质量的国际经验和趋势。

北京教育学院承担的“北京市教师教育创新平台”，自2009年开始，成立了教师专业发展标准研究课题组，围绕职后中小学教师专业发展的标准及其具体内容和操作要点，开展了深入、系统的研究。经过相关文献分析、教师问卷调查、优秀教师访谈、问题集中研讨、初稿撰写起草、专家反复论证、不断修改完善的过程，形成了中小学教师专业发展标准的框架和具体内容，形成了分领域(学科)、分阶段、重操作的《中小学教师专业发展标准及指导》(以下简称《标准及指导》)。

一、研制目的

《标准及指导》研制的目的是服务于教师的发展。就服务的主体而言，它对中小学教师、学校领导、教师培训机构、教育行政部门都有具体的引领作用；就服务的内容而言，它可以用于诊断(反思)与规划、培养与培训、评估与管理等方面。本成果将主要用于中小学教师的自我发展指导和中小学教师培训指导，并在实践应用中加以检验和完善。

首先，为教师反思自身教学实践提供依据。教学反思是教师发展的内在机制。自身教学实践有什么优点和不足，教学水平达到什么程度，需要借助教师专业发展标准提供反思的框架，所以，教师发展标准有助于教师系统地反思。

其次，为教师制定专业发展目标和规划、自主学习与发展提供依据。制定教师发展规划，明确专业发展目标，是教师自主发展的有效方式。不同发展阶段的教师，其发展目标及其要求也是不同的。教师专业发展标准可以为教师制定规划提供参考。《标准与指导》还提供具体内容和操作的指导，这有助于教师参考指导要点，实现自主学习与发展，不断改进教育教学活动。

再次，为教师培训机构诊断教师需求、设计培训目标与课程提供依据。教师培训机构要有效促进教师发展，提高培训的针对性和实效性，必须准确把握教师需求，设计有针对性的培训目标与课程。不同层次培训的课程设计必须依据不同发展阶段教师的发展目标，而教师专业发展标准对此进行了设计。

最后，为管理部门评估教师发展水平提供依据。教师发展的过程性评估和终结性评估对教师本人和管理部门了解信息、激发动力、考核奖惩等都有帮助，而评估标准和指标体系的设计就要依据教师专业发展的标准。

总之，《标准及指导》具有很强的实践意义。当然，标准是针对一定时期一定区域的情况制定的，具有相对性，不是绝对不变的；标准反映的是教师发展的共性规律和要求，具有统一性，而教师个体之间也是有差异的。因此，标准是重要的参考依据，而不是绝对的。在实践和使用过程中，要重标准，不唯标准。

二、主要依据

教师专业发展标准，涉及素质结构如何划分、发展阶段及其任务如何确定、具体要求如何阐述等几个基本问题。这些问题的解决都需要有政策法规、理论研究、客观事实等方面的依据。课题组对这些方面进行了大量的学习、研究，为科学地解决这些问题奠定了比较坚实的基础。

1. 政策法规依据

改革开放以来，我国颁布了若干项关于教师的法律法规和政策，如《中华人民共和国教育法》《中华人民共和国教师法》《中华人民共和国义务教育法》《教师资格条例》《中小学教师职业道德规范》《国家中长期教育改革和发展规划纲要（2010—2020年）》等，其中最集中、最概括地表现于《中华人民共和国教师法》，该法对教师的定位、资格、权利、义务等作了明确的规定，而《中小学教师职业道德规范》(2008 年修订)对教师的职业道德提出“爱国守法、爱岗敬业、关爱学生、教书育人、为人师表、终身学习”六项要求，这为研制教师专业标准提供了最重要的法规政策依据。

2010 年颁布的《国家中长期教育改革和发展规划纲要(2010—2020 年)》从我国“到 2020 年，基本实现教育现代化，基本形成学习型社会，进入人力资源强国行列”的战略目标出发，提出建设一支“师德高尚、业务精湛、结构合理、充满活力的高素质专业化教师队伍”的具体目标，并提出健全教师管理制度，制定教师资格标准等具体要求，《北京市中长期教育改革和发展规划纲要(2010—2020 年)》中还提出了“研究制定教师专业发展标准，明确阶段性目标”的任务，这为制定教师专业发展标准也提供了新的政策依据。

2. 理论依据

制定教师专业标准是许多国家和地区促进教师发展的重要举措。本课题组对美国、英国、德国、法国、俄罗斯、新西兰、新加坡、越南、马来西亚及我国香港地区等建立的教师专业标准进行收集、学习和分析，了解其指导思想、结构和内容，从中寻找有益的借鉴。本课题组成员还多次参与华东师范大学组织的教育部“985”课题“中小幼教师专业标准研究”及比较研究，参与学术会议，了解前沿动态。从目前世界上许多国家和地区的教师专业标准来看，其风格各异。例如，英国“合格教师专业标准”是从“专业价值和承诺”“专业知识与理解”“教育教学实践”三方面进行表述。美国“爱达华州教师专业标准”把教师所应具备的素养分为十个方面，每个方面又从“专业意识、专业知识、专业能力”三个角度来表述。澳大利亚新南威尔士州、南澳州的“教师专业标准”也是按教师应具备的素养分为若干方面，每个方面又从“专业承诺、专业知识、专业实践”三个角度来表述。美国加州的教师专业标准则以教学活动为核心，由六类相关联的教学活动组成标准，每条标准下有若干要点，每个要点中又以“如何”和“为什么”两问，列出一个问题清单供教师思考。国际培训、绩效、教学标准委员会(IBSTPI)制订的“教师能力标准”分专业基础、教学计划与准备、教学方法与策略、评估与评价、教学管理 5 个能力维度，之下有 18 项能力及相应的绩效指标。

总体来讲，各国基本都依据“教师素质理论(包括教师知识理论)”“教师专业发展理论”“教师发展性评价理论”“课程与教学理论”等制定教师专业标准。关于教师素质的理论，国外主要有两大理论流派：一是以美国卡耐基教学促进会主席舒尔曼(Lee S. Shulman, 1986)为代表的“学科取向”的教师知识研究,把教师应具备的知识概括为学科内容知识、一般教学法知识、课程的知识、学科教学法知识、学生知识、教育环境的知识、教育宗旨与目的的知识。例如,美国国家专业教学标准的五条标准,主要是参照了“学科取向”的教师知识研究。二是以艾尔巴茨(Freema Elbaz, 1981)及康纳利和克兰迪宁(F. Michael Connelly & D. Jean Clandinin, 1985)为代表的“实践取向”的教师知识研究,强调教师实践中表现出来的具有个人性、默会性、情境性、实践性、综合性等特点的实践性知识。例如,英国“卓越教师专业标准”则更多地参照了“实践取向”的教师知识研究。国内学者林崇德、申继亮和辛涛教授对教师素质的构成进行研究,提出教师素质在结构上至少应包括五种成分,即职业理想、知识水平、教育观念、教学监控能力以及教学行为与策略。关于教师的知识又提出本体性知识、条件性知识、实践性知识的结构。陈向明等教授对教师的实践性知识进行了深入的研究。

关于教师发展阶段的理论,国内外观点较多。有福勒(France F. Fuller)的四个关注阶段理论、伯林纳(David C. Berliner)的教学专长五阶段理论、利思伍德(Kenneth A. Leithwood)的思维方式五阶段理论、休伯曼(A. Michael Huberman)的七阶段理论、费斯勒(Ralph Fessler)的八阶段生涯理论、邵宝祥的五阶段理论、钟祖荣与李晶的四阶段素质水平理论、叶澜等人的五阶段自我更新理论等。这些理论从不同的角度,对教师不同发展阶段的特征进行了描述和概括。这些为研制分阶段的教师专业标准提供了一定的理论基础。

课程与教学理论是教师专业标准研制的重要理论基础。特别是我国新课程改革的理念,均体现在专业实践的各标准中,诸如强调教学的三维目标,强调学生的自主、探究、合作学习方式,强调信息技术的运用以及与学科教学的有机整合,强调教学与学生的知识基础、生活经验、社会实际相联系,强调形成性、发展性评价,强调利用和开发课程资源等。研制过程中,课题组认真学习和研究了各学科的义务教育阶段课程标准(2011 年版)、高中课程标准,把握各学科的性质、功能,以课程标准的内容为依据提出教师专业发展的要求,又通过教师专业标准的要求,促进课程改革的落实和深入。此外,教学理论也为标准中教学活动部分的制定提供了理论上、结构上的依据。

3. 实践和事实依据

研制教师专业标准需要从实践视角，对教师群体的实际情况和特征进行分析研究，使标准的制定符合实际情况。一方面，我们对北京市中小学教师群体的特征进行调研，包括他们的工作、生活和专业素养状况的调查与分析；另一方面，对北京市中小学优秀教师的特征及发展阶段进行访谈、问卷等调查研究，发现他们的素质特征和成长规律。

培训实践基础。本课题组部分成员自 20 世纪 80 年代投入教师继续教育实践，20 多年来专访各类教师、校长，研究大量教师成长个案，进行课堂教学观察，开展学生、家长、专家访谈，积累了大量教师专业发展的鲜活案例，较好地把握了中小学教师专业发展的状况和特点。

群体状况调研。北京教育学院组织课题组，开展了三次大规模的教师发展调研。2005 年对北京市 10 个远郊区(县)做"教师专业发展水平调查与研究"，发放问卷 10 000 份，分析典型学校 114 所，按照"影响教师专业发展的内外部因素访谈提纲"访谈教师 100 名，出版专著《京郊中小学教师专业发展机制与对策研究》(2006)。2006 年又进行"北京市中学各科教师专业发展水平调查与研究"，发放问卷 10 000 份，分析典型个案 120 例，分析典型学校 150 所，课堂观察 560 节课，获得大量反映北京市中小学教师专业发展现状的第一手材料，归纳提炼出当前北京市中小学教师专业发展中的主要问题。2009 年受教育部师范司委托，我院课题组还对江苏、广东、吉林、北京、河北、湖北、云南、青海等 12 省市的教师队伍和教师培训进行问卷调查。

优秀教师特征访谈。北京教育学院在 1998 年对全国部分特级教师进行个案研究和问卷调研，对骨干教师的特征、成长规律进行分析研究，出版专著《骨干教师队伍建设研究》(2000)。2009 年，课题组在研究中对北京市 18 位中小学不同学科的优秀教师进行深度访谈，提炼出优秀教师的基本素质。主要表现为以下五种特质：(1)动机。有对取得教育成果持续渴望、付诸行动的强烈动机。(2)特质。思维敏锐，能对情境或信息做出持续反应并作出决断。(3)自我概念。具有积极的态度、价值观及良好的自我印象。(4)学习能力。具有专业知识的敏感性和吸收与转化能力。(5)技巧。具有分析性思考和概念性思考的能力。

发展阶段调研。2009 年，课题组还对 12 位不同学科不同地域不同阶段的教师就发展阶段进行访谈，又对 194 名北京市骨干教师进行发展阶段的问卷调查，获得大量数据和信息，并在调研基础上提出教师发展六阶段理论，具体提出六阶段的起止名称、时期名称、各阶段特征及发展任务，为我们划分发展阶段、描述发展标准中各阶段的发展任务提供重要的事实依据。

三、指导思想

1. 宗旨上，体现以学生发展为本的思想

教师专业发展的目的不是仅仅为了自己，而主要是为了学生，为了给国家社会培养有用人才。尊重学生、关心学生、爱护学生、促进学生健康成长，应该成为教师专业发展中最重要的素质。教学中，教师要从学生的学情出发，深入了解学生的知识基础、生活经验、困难障碍等；同时又要调动学生学习的积极性，发挥学生主体性，以促进全体学生的发展。《标准及指导》的专业实践部分主体名称为“促进学生的学习与发展”，是一个具体的表现。具体标准中也始终贯彻这一思想。

2. 内容上，体现时代性的要求

教师专业发展标准，是对教师素质与行为要求的规定。不同地区和时代的教师素质要求，既有共性，又有区别。共性就是要保持教师基本素质要求的稳定性，各个时代强调的共同素质要坚持、保持。区别就是要体现我国当代社会发展对教育、对教师的特殊要求。在《标准及指导》中，我们努力体现《国家中长期教育改革和发展规划纲要（2010—2020 年）》中“育人为本、促进公平、提高质量”的要求，强调教师要落实素质教育的要求，强调培养全面发展、个性发展、可持续发展的人才培养要求，强调着力培养学生社会责任感、创新精神和实践能力的要求，也强调维护学生的身体和心理健康，加强安全教育的要求。

3. 结构上，坚持动静结合的思想

教师专业发展标准按照什么样的结构设计，是个重要的问题。如前所述，有两种思路，一种是按照教师素质的要素进行划分，一般分专业情意、专业知识、专业技能三方面，这种思路比较系统完整，内部逻辑性强，但静态性明显，与教师的教育教学实践结合得不紧，容易与教师的教育实践

脱节。另外一种是按照教师教育实践的逻辑进行设计，一般包括教学设计、教学实施、教学评价、教学反思等环节，这种思路综合性、实践性强，与教师的实践紧密结合，容易与教师的工作对接，但对教师的素质的规定线索不容易看出来，对教师的自我发展和教师培训的设计也有不利的地方。因此，《标准及指导》把专业基础与专业实践结合起来，取二者之长。当然，这种结合的方法也难免会出现一些交叉重复的现象，我们努力避免，注意从不同的角度进行阐述。

4. 层次上，体现分阶段的原则

终身学习是教师专业发展中最突出的特点。教师专业发展标准应该分阶段描述，体现不同阶段的不同要求，然后通过递进式培训、自主学习与实践等，帮助教师从低一级的发展阶段提升到高一级发展阶段，这样标准就更具有指导性。

我们的研究提出六阶段，这就是从新手教师到合格教师的适应期、从合格教师到熟练教师的熟练期、从熟练教师到成熟教师的成熟期、从成熟教师到骨干教师的发展期、从骨干教师到专家教师的创造前期、从专家教师到教育家的创造后期，每个阶段有不同的发展特点与发展任务①。从大多数教师的实际考虑，也考虑教师发展阶段的连续性及发展阶段评价的复杂程度和难度，在标准制定时分阶段不宜过细，所以，我们把一二期整合成一个阶段、把四五期整合成一个阶段，保留第三阶段，去掉第六阶段，这样就构成三个过程。即“新手到熟练”“熟练到成熟”“成熟到卓越”。

(1)从新手到熟练。“新手”指新任教师，他们有一定的理论知识，但缺乏教学实际技能；“熟练”指熟练教师，他们有熟练的教学技能，对学生比较了解，较好地把握学科知识结构，但缺乏对学科思想方法的深度把握，以及对学生差异的把握。该阶段的发展任务主要是：学会分析教材内容，并逐渐把握学科知识体系；从初步了解学生，逐渐系统深入了解学生特点；初步掌握科学的教育方法和有效的教学技能，并逐渐熟练化。

(2)从熟练到成熟。“熟练”指熟练教师，“成熟”指成熟教师，他们对学科思想方法，学生差异有一定的把握，教学技艺成熟，但还没有形成自己

① 钟祖荣：《〈易经〉乾卦的过程思想与教师发展阶段理论》，载《北京教育学院学报》，2011(3)。

的教学特色和风格。该阶段的发展任务主要是：研究学科的本质和思想方法，深入了解并应对学生的差异，教学方法多样化、艺术化。

(3)从成熟到卓越。“成熟”指成熟教师，“卓越”指省市级骨干教师、学科带头人乃至特级教师，他们已形成自己的教学经验、思想和风格。该阶段的发展任务主要是：开展教育教学研究、改革、实验，总结反思教学经验、思想和风格并努力使之系统化。

“从新手到熟练”和“从熟练到成熟”两个阶段侧重给出教师素质的修炼过程中的要求，给出内容要点、操作要点和案例；“从成熟到卓越”阶段重点体现优秀教师多年修炼的效果，集中表现于对学生发展、学校组织发展和学科发展所产生的实际影响和作出的贡献。

5. 学科上，坚持分领域的原则

课题组首先研究教师专业发展的总标准，即一般标准；然后以此为框架，结合学科、领域的特殊性进行研究，体现学科和领域的特点。《标准及指导》按照语文、数学、英语、理科、社会科、体育、艺术、信息技术、综合实践活动与技术类九个领域编制，解析不同领域教师专业发展的特点、重点和困惑点。分领域分学科的特点，集中体现在教师对各领域的专业知识、课程知识、教学设计等方面，体现出各自的特色。

本册的社会科(Social Studies)“是为学生公民素养奠基”的“包含多个学科领域的综合课程”，既包括历史、地理、思想品德、思想政治等“分科课程”，也包括品德与生活、品德与社会、历史与社会等“综合课程”。①

本册所指的社会科教师是指从事小学品德与生活、品德与社会，初中思想品德、历史、地理，高中思想政治、历史和地理等课程教学的教师，他们在落实课程的公民道德素养、历史意识、地理素养和人文精神，将学生培养成现代公民应有的人文素质和社会责任感方面起着独特的作用。

6. 运用上，体现操作性的原则

教师专业发展标准是用于实践的，特别教师在制定专业发展规划、进行实践反思的过程中，要参考标准的要求。但标准的文字一般比较简明概括，其内涵如何理解，包含什么具体内容，如何操作，都需要比较具体的

---

① 阳光宁：《社会科教育学概论》，第2页，合肥，合肥工业大学出版社，2006。

解释和说明。因此，我们没有停留在描述标准上，而是就标准的条文进行内容说明和操作要点的说明，以利于使用。

四、内容结构

1. 标准的四层结构

标准包括维度、关键表现领域、标准(条目)、结果指标四层。维度包括专业基础和专业实践两维度，专业基础是教师应该具备的师德素养、知识素养，强调的是素养、基础和静态的素质；专业实践是指教师的教育教学活动以及自我发展的实践(包括教学研究与专业发展)，强调的是实践活动、实践能力和动态的素质。关键表现领域是两维度内容的细分，共计4个表现领域，即健全人格与职业道德、学科与教育教学专业知识、促进学生的学习与发展、教育教学研究与专业发展。标准(条目)又是对关键表现领域的细分，是比较概括的素质和行为表现，是标准的主体内容，共计20条一般标准，这些标准(条目)的描述尽量直接表达含义和意义，比如"关爱学生，教书育人""设计合理的教学方案"。结果指标是标准的进一步细化，是教师在特定发展阶段专业基础和专业实践的具体要求，一条标准既细化为若干具体的要求，又体现出程度上的差异。各学科、领域在结果指标的多少上有所差异，一般有50多条。

2. 指导的三项内容

为帮助教师理解和实践标准，发挥标准的作用，《标准及指导》强调"指导"的功能。指导是针对中小学教师而言的，是对中小学教师理解标准的指导、是对落实标准要求的行为指导、是对反思教学实践、规划自身发展的指导。指导包括内容要点、操作要点、举例说明。专业基础部分主要是内容要点，侧重在具体的条目的含义、要素、内容的解析上；而专业实践部分主要是操作要点，侧重在行为的指导上，诸如操作的程序、要求、策略。举例说明是对重点与难点的实例呈现和实例示范。

3. 三阶段递进结构

《标准及指导》强调发展性、阶段性，所以，无论是在标准框架与标准内容中，还是在指导要点部分，我们都按照三个阶段阐述。

三阶段结果指标的描述是有程度差异的。总体看，是呈现递进式的发展。这涉及教师专业发展的模式或规律问题，即教师的专业发展是否总是递进式，这是需要进一步深入研究的。根据目前的调查研究，我们认为，教师在不同的阶段有不同的任务、关注点和特点，这种关注点和任务的重心转移，反映递进的特点。当然，具体到每一位教师，就可能呈现出五彩缤纷的样式，从发展速度上说，有的素质可能发展很快，而有的素质可能发展缓慢，甚至长期处于平台水平；从发展水平看，有的素质可能能够达到很高水平，而有的素质只能达到较低水平；从人际差异看，可能有的整体素质发展水平高，有的部分素质发展水平高、部分素质发展水平低，有的可能整体素质发展水平不高。处于某个阶段的教师主要看本阶段的要求。

五、相关概念

在《标准及指导》中，涉及诸多概念，在指导要点中对其有具体的解释和说明，但有关学科与教育教学知识部分，有几个概念是通用的，故在前言部分加以解释。

1. 教师的学科知识

教师的学科知识，依据不同的组织方式划分，包括两类，一类是作为一门学科(discipline)的知识，是根据知识的逻辑体系组织的；另一类是学校教学中一门课程的知识(subject)，是基于学生学习心理而组织的知识体系。

作为一门学科的知识包括两个层次：低层为必要的基础知识和学科技能；上层为学科特有的视角、核心概念和方法。

作为一门课程的知识，包括对课程功能、性质等的认识，课标教材范围知识的体系、课标教材范围的知识、知识的组织与呈现方式以及上位的核心概念等。

2. 学科知识与技能体系

学科知识与技能体系，即我们平常所说的基础知识和基本技能的内容框架(包括组成部分和连接方式)。学科知识和技能体系是最基本的内容，是每位教师必须把握的，一般在课程标准中给出。

3. 学科知识与技能的层级结构

知识结构是指一个人经过专门学习培训后所拥有的知识体系的构成情况与结合方式。合理的学科知识结构是有层级的，具有“上、下位关系”。学科的知识层级结构如图 1-1 所示。

跨学科主题，是指不同学科、不同领域中共同存在的主题，比如循环主题，在地理、生物、历史等学科中均存在。

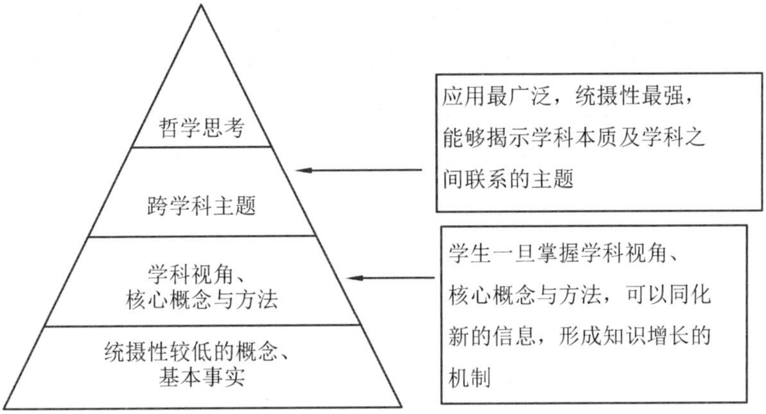

图 1-1 学科知识层级结构和作用示意图

核心概念(big idea)，实际上是学科中一些基本的、重要的观点和观念，某个学科的核心概念是在众多的事件、事实、现象的基础上归纳、推理出来的结论，是对同一类问题本质特征的概括①。通常是用一个命题、判断构成的。教学中让学生掌握这种核心概念，可以提高学生的概括水平、解释水平、应用迁移能力。有学者说：“在构思科学教育的目标时，在知识方面不是用一堆事实和理论，而是用趋向于核心概念的一个进展过程。”“这些核心概念及进展过程可以帮助学生理解与他们在校以及离开学校以后的生活有关的一些事件和现象。”“许多知识领域都是这样的：构成一个知识领域，是因为具有核心的知识、技能和态度。”②2011 年版的义务教育课程标准，强调了教学中对核心概念的渗透。

---

① California State Board of Education，*Science Education Framework*，1998，pp. 28—32.

② [美]温·哈伦：《科学教育的原则和大概念》，第 2 页，韦钰译，北京，科学普及出版社，2011。

4. 学科教学知识

学科教学知识(pedagogical content knowledge，简称 PCK)是舒尔曼 1986 年提出来的概念。他认为这种知识就是“对于一个人的学科领域中最一般的要教授的内容，表达那些概念的最有用的形式，最有效的比喻、说明、例子、解释以及演示——一句话，就是使人易于懂得该学科内容的表达和阐述方式”，它还包括“知道不同年龄和背景的学生在学习那些最经常教授的课题时已具有的一些日常概念和先入之见，这些日常概念和先入之见会使具体内容的学习变得容易或困难”。这种知识是学科知识在教学应用中的转换形式，是特定的内容与教学法的整合或转换，是教师独特的知识领域，是他们专业理解的特殊形式，具有个体性、综合性、实践性、情景性。这种知识对教学的效果具有重要的影响。如图 1-2 所示。

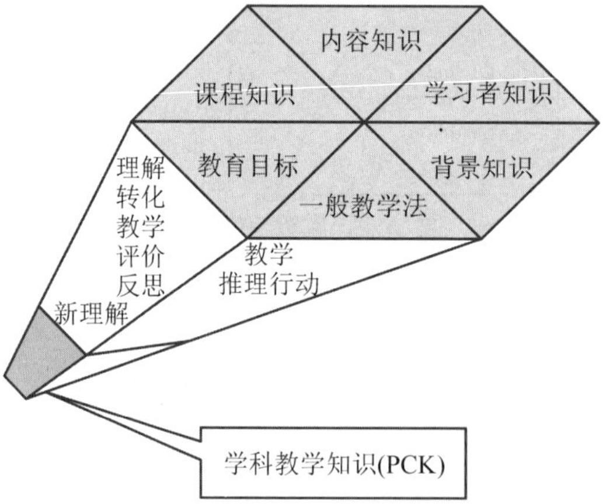

图 1-2　舒尔曼 PCK 结构图

1990 年格罗斯曼(Pamela L. Grossman)对 PCK 概念给予重要阐释，将 PCK 解析为以下四部分：①一门学科的统领性观点(关于学科性质的知识和最有学习价值的知识)；②学生对于特定学习内容易理解和误解的知识(学生理解能力的知识)；③特定学习内容在横向和纵向上组织和结构的知识(课程知识和教材知识)；④将特定学习内容呈现给不同学生的策略知识(知识的结构设计)。如图 1-3 所示。

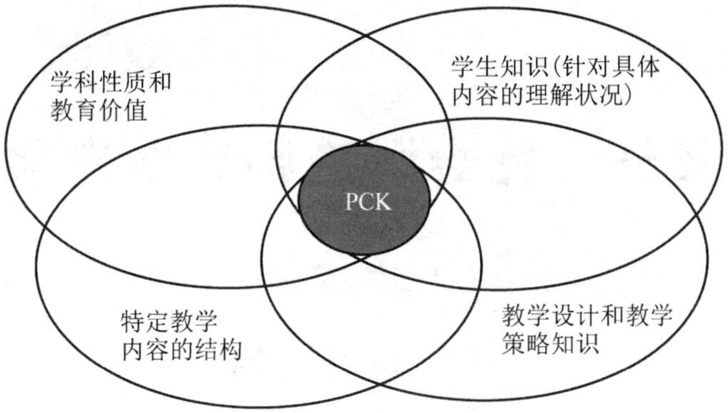

图 1-3 格罗斯曼 PCK 结构图

第二部分 社会科教师专业发展标准

一、标准纲目

维度	领域	标准	结果指标		
			新手到熟练	熟练到成熟	成熟到卓越
2	4	20	55	63	49
维度一 专业基础	领域一 健全人格与职业道德	1. 爱岗敬业，履职尽责	4	4	4
		2. 关爱学生，教书育人	4	4	3
		3. 为人师表，严谨治学	2	2	2
		4. 热爱生活，身心健康	4	4	4
	领域二 学科与教育教学专业知识	5. 关于学科的知识	2	2	2
		6. 关于学生的知识	1	3	2
		7. 关于课程的知识	2	2	2
		8. 关于教学的知识及学科教学知识	1	2	3
		9. 科学与人文素养	3	3	2
维度二 专业实践	领域三 促进学生的学习与发展	10. 创设良好的学习环境	1	1	1
		11. 设计合理的教学方案	6	6	5
		12. 实施有效的教学活动	4	5	4
		13. 培养良好的学习习惯与指导学生学会学习	2	3	2
		14. 开展多元的学习评价	2	3	2
		15. 促进有效的课堂管理	3	2	1
		16. 渗透思想品德教育与生活技能教育	2	2	2
		17. 实施积极的安全教育与健康教育	4	4	1
	领域四 教育教学研究与专业发展	18. 教育教学反思与行动研究	3	4	3
		19. 团结协作与经验分享	2	3	2
		20. 终身学习与持续发展	3	4	2

二、标准框架

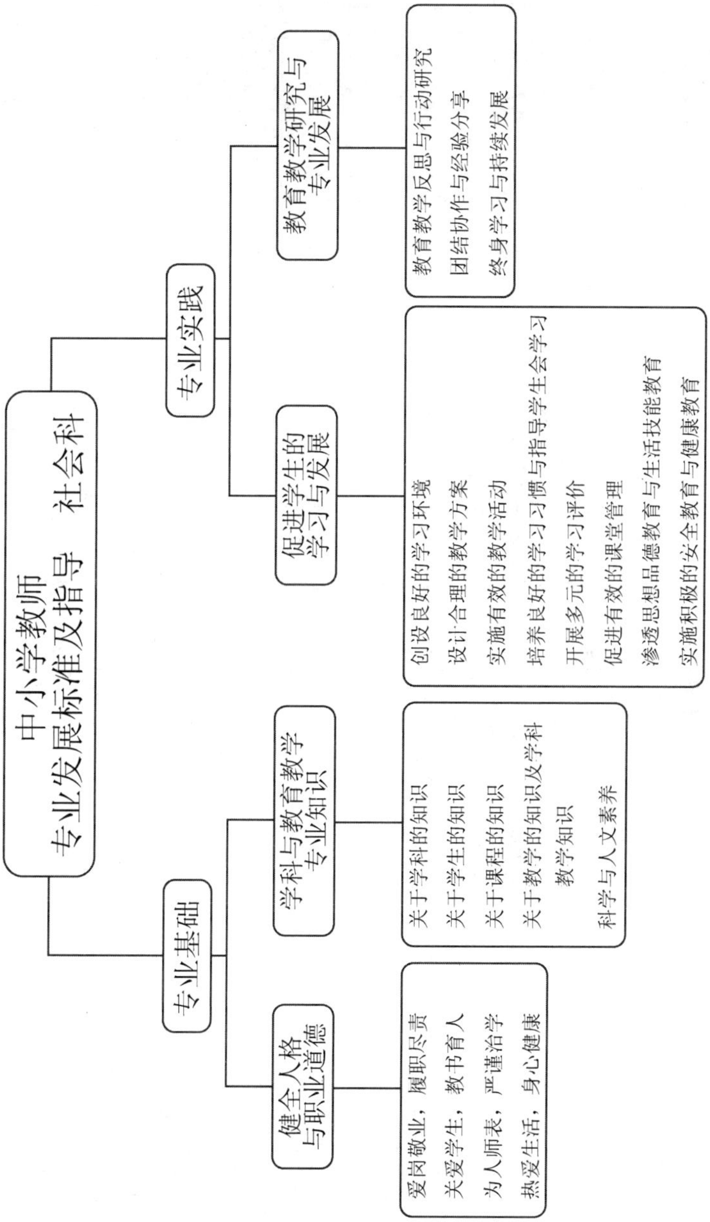
中小学教师
专业发展标准及指导 社会科
专业基础
健全人格与职业道德
爱岗敬业，履职尽责
关爱学生，教书育人
为人师表，严谨治学
热爱生活，身心健康
学科与教育教学专业知识
关于学科的知识
关于学生的知识
关于课程的知识
关于教学的知识及学科教学知识
科学与人文素养
专业实践
促进学生的学习与发展
创设良好的学习环境
设计合理的教学方案
实施有效的教学活动
培养良好的学习习惯与指导学生会学习
开展多元的学习评价
促进有效的课堂管理
渗透思想品德教育与生活技能教育
实施积极的安全教育与健康教育
教育教学研究与专业发展
教育教学反思与行动研究
团结协作与经验分享
终身学习与持续发展

三、标准内容

维度一　专业基础

领域一　健全人格与职业道德

标　准	结果指标		
	从新手到熟练	从熟练到成熟	从成熟到卓越
1. 爱岗敬业，履职尽责	1.1 愿意从事教育事业。 1.2 了解并遵守教育法律法规和方针政策。 1.3 明确教师职责。 1.4 有责任意识。	1.1 热爱教育事业。 1.2 自觉遵守教育法律法规和方针政策。 1.3 认真履行教师职责。 1.4 具有责任感。	1.1 挚爱教育事业，全身心致力于学生的学习和发展。 1.2 自觉遵守教育法律法规，自觉贯彻执行教育方针政策。 1.3 出色履行教师职责，具有高度的责任感和奉献精神。 1.4 有强烈的事业心和教育理想与抱负。
2. 关爱学生，教书育人	2.1 爱护学生，维护学生的合法权益。 2.2 关心学生，平等公正地对待学生。 2.3 引导学生遵守学生守则，明辨是非。 2.4 树立促进学生全面可持续和个性化发展的意识。	2.1 关心和热爱每一位学生，做学生的良师益友。 2.2 平等公正地对待每一位学生，尊重学生人格。 2.3 引导学生树立正确的人生观和价值观。 2.4 具有促进学生全面可持续和个性化发展的行动。	2.1 热爱并关注每一位学生，平等公正地对待每一位学生。 2.2. 培养学生的健全人格，引导学生树立正确的人生观和价值观，能以行为诠释价值，成为学生健康成长的导师。 2.3 着眼于学生的素质提升、潜能发挥与可持续发展。

续表

标准	结果指标		
	从新手到熟练	从熟练到成熟	从成熟到卓越
3. 为人师表，严谨治学	3.1 遵纪守法，作风正派，公正廉洁，以身作则。 3.2 努力钻研，熟悉业务。	3.1 遵纪守法，作风正派，公正廉洁，以身作则。 3.2 树立优良学风，刻苦钻研业务，不断学习新知识，改进教育教学方法，提高教育教学水平。	3.1 遵纪守法，作风正派，公正廉洁，以身作则。 3.2 具有对教育问题的宏观把握和批判性思维，问题意识与创新意识强，努力探索教育教学规律。
4. 热爱生活，身心健康	4.1 积极锻炼身体，增进身体健康。 4.2 积极乐观，具有爱心、同情心和正义感。 4.3 能够正确对待困难和挫折。 4.4 具有良好的生活情趣，至少具有一种有益身心健康的兴趣爱好。	4.1 积极锻炼身体，增进身体健康，合理分配精力，保持充沛的活力。 4.2 积极乐观、善良宽容，具有爱心、同情心和正义感。 4.3 能够正确对待困难和挫折，善于自我调节。 4.4 具有良好的生活情趣，至少培养一种有益身心健康的兴趣爱好。	4.1 关爱自己的身体，保持身体健康，合理分配精力。 4.2 积极向上的态度，强烈感染学生和周围的人。 4.3 正确且从容对待困难和挫折，善于自我调节。 4.4 具有高尚的生活情趣和审美情趣。

领域二　学科与教育教学专业知识

标　准	结果指标		
	从新手到熟练	从熟练到成熟	从成熟到卓越
5. 关于学科的知识	5.1 掌握所任社会科课程标准中明确规定的学科知识。 5.2 了解所任社会科课程的学科知识与技能体系。	5.1 掌握所任社会科课程标准中明确规定的学科知识；把握所任社会科课程的学科知识与技能体系；能够描述所任社会科课程的学科知识层级结构。 5.2 了解所任社会科课程与其他学科以及生活实践、社会发展之间的联系，并能有意识地在教学中渗透。	5.1 具有统领性、深刻性、融通性的所任社会科学科知识。 5.2 在丰富的学科实践经历中，形成动态发展的学科知识结构和解决实际问题的能力。
6. 关于学生的知识	6.1 了解发展心理学、教育心理学关于学生的知识，具有将其应用于所任社会科课程教学的意识。	6.1 熟悉发展心理学、教育心理学以及其他相关学科关于学生的知识，并能恰当地应用于所任社会科课程教学和学生管理中。 6.2 掌握学生身心发展的特点和学习规律。 6.3 了解学习策略、技巧以及学习习惯指导的相关知识和方法。	6.1 深谙发展心理学、教育心理学以及其他相关学科关于学生的知识，并能灵活而有效地运用于所任社会科课程教学和学生管理中。 6.2 掌握学生身心发展的特点和所任社会科课程学习规律；具备所任社会科课程学习策略、技巧以及学习习惯指导的相关知识和方法。

续表

标准	结果指标		
	从新手到熟练	从熟练到成熟	从成熟到卓越
7. 关于课程的知识	7.1 了解社会科所任学科的课程性质、课程目标、课程内容、课程组织和课程评价等知识。 7.2 理解课程改革中提出的培养学生公民素养和人文素养的理念，并努力实践课改中倡导的价值与行为。	7.1 掌握社会科所任学科的课程性质、课程目标、课程内容、课程组织和课程评价等知识。 7.2 理解课程改革中提出的培养学生公民素养和人文素养的理念，并知道如何实践课改中倡导的价值与行为。	7.1 深谙课程改革的基本理念和所任社会科课程在学生发展中的意义。 7.2 丰富所任社会科课程设计、课程实施、课程资源和课程评价等方面的知识。
8. 关于教学的知识及学科教学知识	8.1 了解社会科有关教学目标、教学原则、教学内容、教学过程、组织和管理及教学评价等方面的知识，并知道其适用范围。	8.1 掌握所任社会科课程有关教学目标、教学原则、教学内容、教学过程、组织和管理及教学评价等方面的知识，并知道如何运用。 8.2 有意识地在所任社会科课程的教学中渗透学科统领性概念及呈现学科知识结构。	8.1 具有较高的教育理论素养。 8.2 基于教学内容和学生情况，形成促进学生理解性学习的多元教学策略，积累丰富的教学案例知识。 8.3 形成体现独特思想和风格的丰富的教学艺术(策略)的知识。

续表

标准	结果指标		
	从新手到熟练	从熟练到成熟	从成熟到卓越
9. 科学与人文素养	9.1 初步了解科学素养与人文素养的内涵，认识到拥有广博的人文知识、自然科学知识，对社会科教学的重要意义。 9.2 熟悉、认同本土文化，了解异域文化。具有传承中华优秀文化的责任感和加强国际理解的意识。 9.3 培养获取、处理和生成与教学有关信息的能力，提高信息素养。	9.1 全面理解科学素养与人文素养的内涵。 9.2 热爱本土文化，积极了解异域文化。具有传承中华优秀文化的强烈的责任感，具有国际视野。 9.3 具有一定的信息素养，能够获取、处理和生成信息，发挥信息的效益，满足教学需要。	9.1 深谙中华优秀文化，对其他文化具有选择性吸收和转化的能力。 9.2 具有较高的人文精神、科学和技术素养。

维度二　专业实践

领域三　促进学生的学习与发展

标准	结果指标		
	从新手到熟练	从熟练到成熟	从成熟到卓越
10. 创设良好的学习环境	10.1 建立良好的师生关系，创设安全的学习环境和友爱互助的学习氛围。	10.1 建立和谐的师生关系，为学生创设有助于其独立思考的安全的学习环境和民主的学习氛围。	10.1 能够根据学科特点和学生实际，创设能够满足学生学习需要、促进学生发展的物理环境和学习氛围。

续表

标准	结果指标		
	从新手到熟练	从熟练到成熟	从成熟到卓越
11. 设计合理的教学方案	11.1 能够基于所任社会科课程标准、学习内容、初步的学情分析确定教学目标并进行正确表述。 11.2 熟悉教材内容，初步学会分析教材，确定学习重点。 11.3 能够从学生已有的知识基础和生活经验出发，确定学习难点。 11.4 能够依据教学目标设计教学进程。 11.5 能根据教学目标设计评价方式。 11.6 能够提供一定的学习资源。	11.1 能够基于所任社会科课程标准、学习内容、学情分析确定教学目标并进行准确表述。 11.2 能够深入理解教材，准确把握教材中的基本内容及其联系，挖掘教学内容在学生发展中的价值，确定学习重点。 11.3 能够准确地确定学习难点，灵活运用突破难点的方法。 11.4 能够依据教学目标设计连贯性的教学进程，设计合理的学习活动。 11.5 能够依据教学目标、内容和进程恰当地设计多样的评价。 11.6 能够提供恰当的学习资源。	11.1 整合多元教学目标，不仅关注学生获得知识、提高认知能力，还关注培养学生的责任感与非智力因素。 11.2 根据学生认知发展规律，整体安排学段教学进程和创造性地设计教学单元，能够进行教学设计背后的学理分析。 11.3 深谙不同类型知识的学习策略，具有丰富、系统且有创造性的教学策略，在教学设计中运用智慧优化教学过程。 11.4 设计中能有效运用多媒体手段，能为学生提供丰富的学习资源，以促进学生理解。 11.5 积极研究中高考的命题规则和评价标准，做好学生的复习指导与考试的整体设计。

续表

标　准	结果指标		
	从新手到熟练	从熟练到成熟	从成熟到卓越
12. 实施有效的教学活动	12.1 能够吸引学生注意力，激发学生学习兴趣。 12.2 能够合理安排教学时间，运用教学策略，完成预定的教学任务。 12.3 能够适当地采取互动的形式组织教学。 12.4 能够将现代教育技术手段应用到社会科教学中。	12.1 能够启发学生独立思考，深入理解和掌握学习活动。 12.2 具有教学决策能力，能够灵活运用教学策略。 12.3 能够采取多元的互动方式，开展有效的合作学习。 12.4 能够根据学生学习情况有效调控教学内容和节奏。 12.5 能够将现代教育技术手段整合到社会科教学中。	12.1 课堂教学富有激情，学生被教师对本学科的执著向往所打动，形成持久的学习动力。 12.2 具有果断的教学决策能力，能根据学生学习情况灵活调整教学的内容、顺序和方法，学生感到学习效率高。 12.3 高度关注学生的学习表现，敏锐捕捉教学中的关键问题，灵活处理生成性问题。 12.4 关注研究学生个体差异，因材施教，学生感受到教师的关心、理解和经常给予的帮助。

续表

标　准	结果指标		
	从新手到熟练	从熟练到成熟	从成熟到卓越
13. 培养良好的学习习惯与指导学生学会学习	13.1 能够根据学生的实际情况，逐步提出学习要求。 13.2 具有指导学生形成良好的学习习惯和掌握学习策略的意识。	13.1 在课堂教学与课外指导中，高度重视、坚持不懈地培养学生良好的学习习惯。 13.2 指导学生习得自主、合作、探究的学习方式，引发学生独立思考和主动探究，发展学生创新能力。 13.3 熟悉多种学习策略，能够相机进行策略性知识的教学。	13.1 系统掌握多种学习策略，有计划地进行策略性知识的教学，学生能够感受到在教师的指导下，逐渐形成有效学习策略。 13.2 注意培养学生的问题意识、创新思维能力和实践能力，学生感到学习处于追求新目标和解决更高层次问题中。
14. 开展多元的学习评价	14.1 具有引导学生参与评价的意识。 14.2 关注学生的学习效果。	14.1 采用系列的追踪和评估策略评价学生的进展。 14.2 通过学生自评、生生互评以及师生互评等方式实现评价主体多元。 14.3 能够根据评价目的和内容灵活选择考试、成长档案袋等方式以实现过程性评价和结果性评价的有机结合。	14.1 在评价主体、内容、方式和结果上体现多元的思想，学生感受到评价促进自己的发展。 14.2 善于运用评价结果，对学生的学习提出合理的建议，学生乐于接受和运用教师的建议。

续表

标 准	结果指标		
	从新手到熟练	从熟练到成熟	从成熟到卓越
15. 促进有效的课堂管理	15.1 能够维持正常的课堂教学秩序，完成教学任务。 15.2 合理调控课堂的时间与节奏。 15.3 合理调控教学内容的走向。	15.1 能够根据班级实际状况，运用有效的方法组织教学，顺利完成教学任务。 15.2 善于根据反馈信息灵活调整教学内容和进程。	15.1 善于运用科学而灵活的方法组织课堂教学，善于调动学生的积极性，开展各种组织形式的教学，学生感到自我管理能力与合作能力逐渐提高。
16. 渗透思想品德教育与生活技能教育	16.1 能够在所任社会科的教学中渗透思想品德教育。 16.2 具有培养学生生活技能的意识，了解生活技能教育的知识和方法。	16.1 能够基于学科特点、内容和学生的实际渗透思想品德教育。 16.2 能够掌握渗透生活技能教育的方法。	16.1 能够基于学科特点、内容和学生的实际，主动采取恰当、多样、有效的方式渗透思想品德教育，学生感到道德观及价值观积极形成。 16.2 结合学科内容和学生实际，对学生渗透生活技能教育，使学生感到生活技能的收获。

续表

标　准	结果指标		
	从新手到熟练	从熟练到成熟	从成熟到卓越
17. 实施积极的安全教育与健康教育	17.1 能对学生进行必要的健康教育。 17.2 具有关注学生心理健康的意识。 17.3 能对学生进行必要的安全教育。 17.4 对学生的人身安全负有责任感，能够采取合理的措施应对突发事件。	17.1 关心学生的身体健康，鼓励学生积极锻炼身体。 17.2 掌握有关学生心理健康的知识和方法，并协助开展学生的心理健康教育活动。 17.3 主动地维护学生的人身安全，引导学生树立自我保护的意识，提升自我保护的能力。 17.4 对学生的人身安全负有责任感，遇有突发事件时救助学生。	17.1 对学生的人身安全有高度的责任感，能积极开展以预防为主的安全教育、健康教育，为有需要的学生提供支持和帮助。

领域四　教育教学研究与专业发展

标　准	结果指标		
	从新手到熟练	从熟练到成熟	从成熟到卓越
18. 教育教学反思与行动研究	18.1 经常有意识地反思自己的教学，形成教学反思习惯。 18.2 具有问题意识，能够梳理工作中遇到的问题并尝试进行解决。 18.3 学习课题确立与实施的基本方法。	18.1 变经验性教学为反思性教学，提升教学实践的合理性。 18.2 能够聚焦教学中的具体问题，并以课例为载体进行深入研究。 18.3 尝试使用观察法、调查法、文献法、案例法、叙事研究和经验总结法等开展教科研活动。 18.4 了解研究成果的呈现形式及其撰写方法。	18.1 思维敏锐，对情景产生直觉的、深刻的、整体而全面的理解，能够很快辨认出显著的信息，关注异常的信息；具有分析性思维和概念性思维的能力。 18.2 善于提出并解决教育教学中的重要问题，开展教育教学改革实验，深入研究教育教学规律，形成独特的教育教学思想或教学风格。 18.3 注重研究成果的形成，能够在学术刊物上发表研究论文或出版专著，使研究成果具有更广泛的辐射作用，并使成果得到同行的关注、讨论和认可。

续表

标　准	结果指标		
	从新手到熟练	从熟练到成熟	从成熟到卓越
19. 团结协作与经验分享	19.1 具有团队合作意识。 19.2 积极参加研修活动，虚心求教。	19.1 能够把个人发展目标与学校发展目标相结合。 19.2 善于发现和学习他人的优点，能够换位思考，主动提供自己的经验。 19.3 具有通过合作解决问题的意识。	19.1 把自己的经验结构化，形成可以传递的知识形态；引领团队的专业研修活动，团队成员能够受到启发并产生把研修结果运用到工作中的动机。 19.2 作为专业领域的领军人物，在专业学会和广大教师中发挥引领作用。
20. 终身学习与持续发展	20.1 养成读书和独立思考的习惯。 20.2 具有探索和研究的意识，积极吸收新理念、新方法。 20.3 制定近期专业发展规划，具有优化和提升自我专业素养的意识，按要求参加学习和进修。	20.1 保持学习和反思的习惯。 20.2 对发现的教学问题进行探索和研究。 20.3 积极参加校本研修活动及各级各类教师培训。 20.4 制定中长期专业发展规划，注意在日常教学实践中提升自己的专业素养。	20.1 具有高度的专业敏感性和吸收、转化能力。 20.2 不断给自己规划更高的职业目标，行走在能力的极限上，不断促进知能持续发展。

第三部分　指导要点

一、从新手到熟练

维度一　专业基础

领域一　健全人格与职业道德

标　准	结果指标
1. 爱岗敬业，履职尽责	1.1　愿意从事教育事业。 1.2　了解并遵守教育法律法规和方针政策。 1.3　明确教师职责。 1.4　有责任意识。

1.1　愿意从事教育事业。

【内容要点】

有朴素的情怀，喜欢学生，喜欢课堂，喜欢任教学科，喜欢教学工作。

1.2　了解并遵守教育法律法规和方针政策。

【内容要点】

(1)从进入教师队伍的第一天起，教师就要掌握和执行教育法律法规和方针政策，如：1995年制定的《中华人民共和国教育法》(1995年9月1日起施行)、1993年制定的《中华人民共和国教师法》(1994年1月1日起施行)和2006年修订通过的《中华人民共和国未成年人保护法》(2007年6月1日起施行)。

(2)教师可通过参加教育法律法规和方针政策的专题培训、自学等方式，了解其内容和要求，规范自己的行为。

1.3 明确教师职责。

【内容要点】

按照《中华人民共和国教师法》的界定，教师的身份为“履行教育教学职责的专业人员”。其总的职责应该归结为教书育人，具体规定概括如下：

(1)遵守宪法、法律和职业道德，为人师表。

(2)贯彻国家的教育方针，遵守规章制度，执行学校的教学计划，履行教师聘约，完成教育教学工作任务。

(3)对学生进行宪法所确定的基本原则的教育和爱国主义、民族团结的教育，法制教育以及思想品德、文化、科学技术教育，组织、带领学生开展有益的社会活动。

(4)关心、爱护全体学生，尊重学生人格，促进学生在品德、智力、体质、审美等方面全面发展。

(5)制止对学生有害的行为或者其他侵犯学生合法权益的行为，批评和抵制对学生健康成长有害的现象。

(6)不断提高思想政治觉悟和教育教学业务水平。

1.4 有责任意识。

【内容要点】

明确教师的角色定位，明确教师对自己和他人、家庭、集体、国家、社会所应承担的义务，在履行义务的过程中获得积极美好的情感体验。

标　准	结果指标
2. 关爱学生，教书育人	2.1　爱护学生，维护学生的合法权益。 2.2　关心学生，平等公正地对待学生。 2.3　引导学生遵守学生守则，明辨是非。 2.4　树立促进学生全面可持续和个性化发展的意识。

2.1 爱护学生，维护学生的合法权益。

【内容要点】

(1)依法执教。

(2)依法维护学生的合法权益，爱护每一位学生，不歧视、体罚学生。

(3)学习和运用相关法律，提高法律意识。

(4)培养学生的权利意识和自我保护意识。

2.2 关心学生，平等公正地对待学生。

【内容要点】

(1)关心学生的思想和生活，利用课余时间接触学生，了解学生的想法和需要。

(2)关心学生的学习，发现和重视学生在学习中的优点和困难，想办法让每个学生都在原来的基础上提高，并使周围的学生和家长认同学生的提高，增强学生对学习的信心。

(3)平等是尊重，是伦理原则上的公正，但并不是抽象意义上的平均。在教育实践生活中，落实平等意味着如何将“一视同仁”和“因材施教”进行结合。这里的平等指的是学生所得到的人格上的尊重，因材施教则是方法意义上的平等。

2.3 引导学生遵守学生守则，明辨是非。

【内容要点】

(1)教师要在日常的教育活动和交往中，帮助学生完成从他律到自律的转化，提高学生自我教育的能力。

(2)教师要帮助学生了解并熟悉学生守则，让学生在身边熟悉的事例中体会学生守则。

(3)教师要在平时的交往中帮助学生建立正确的是非观念。

(4)教师要通过主题班会或其他主题活动帮助学生明辨是非。

(5)教师要在日常的所任社会科教学中对学生加以正确的引导。

(6)教师还要在交往中及时发现学生的错误并及时纠正错误。

2.4 树立促进学生全面可持续和个性化发展的意识。

【内容要点】

(1)明确促进学生全面可持续和个性化发展是坚持科学发展观的重要体现。

(2)树立促进学生全面发展的意识，了解德育、智育、体育、美育的内涵，明确文化知识学习与思想品德修养的统一、理论学习与社会实践的统一对学生可持续发展的重要性。

(3)了解学生个体差异，关注学生的个性化培养，具有将学生的全面发展与个性发展统一的意识。

标　准	结 果 指 标
3. 为人师表，严谨治学	3.1　遵纪守法，作风正派，公正廉洁，以身作则。 3.2　努力钻研，熟悉业务。

3.1　遵纪守法，作风正派，公正廉洁，以身作则。

【内容要点】

(1)已熟知主要教育法律法规和方针政策的基本内容与要求，能以有关具体规范为准，进行自我监督、自我约束，廉洁从教。

(2)在完成所承担的学校各项工作任务中，能有效调控自己的教育教学言行，已开始由他律向自律转变。

3.2　努力钻研，熟悉业务。

【内容要点】

(1)熟知专业规范，包括课堂教学与课堂管理的规范，班主任工作的基本内容与班级管理的基本要求，以及学校工作的其他专业规范，掌握教师的基本工作技能。

(2)对于教育教学及其管理工作中出现的常见问题，能借助于专业理论的指导，进行迅速诊断，并灵活有效地予以解决。

标　准	结 果 指 标
4. 热爱生活，身心健康	4.1　积极锻炼身体，增进身体健康。 4.2　积极乐观，具有爱心、同情心和正义感。 4.3　能够正确对待困难和挫折。 4.4　具有良好的生活情趣，至少培养一种有益身心健康的兴趣爱好。

4.1 积极锻炼身体，增进身体健康。

【内容要点】

(1)认识健康对人的生活和工作的意义，理解锻炼对健康的价值。

(2)初步养成科学饮食、定期体检和定时锻炼的习惯。

(3)保持合理的体重、充足的体力和旺盛的精力。

4.2 积极乐观，具有爱心、同情心和正义感。

【内容要点】

(1)积极乐观。基本理解个人与他人、个人与集体、个人与社会以及个人与工作和生活的关系，常怀自律之心、感恩之心、奉献之心和平常之心；对未来充满希望，对自己有信心，对他人心怀同情与感恩，对组织与事业比较认同。具有善良之心，初步形成职业认同感。

(2)爱心。拥有仁慈之心，善待弱小者。以对学生为例，爱心体现在尊重学生的人格，相信学生的发展潜力和成长的力量，平等地对待每一位学生，能够理解与宽容学生，关心与关爱学生；使学生能够在理智与情感交融的氛围中享受爱的滋养，实现快乐成长。

(3)同情心。对弱小者有所觉察、理解，并能够产生情感共鸣；能够给予弱小者帮助。同情和帮助弱小者，给学生示范同情心；关爱和帮助成长中的学生，让学生体验同情心；引导学生爱护与帮助对弱小者，使学生固化同情心。

(4)正义感。具有追求正义、伸张正义的道德意识和道德情感；处理事情合情合理，为人正直、正义；尊重和遵守制度、规则和程序；不伤害他人、不侵犯他人的基本权利；遇到不公平的事情敢于直言，主持正义；能够鄙视和制止非正义的行为。

4.3 能够正确对待困难和挫折。

【内容要点】

这里的困难和挫折主要指因解决适应期问题而引起的教师负性工作压力的因素，主要包括专业困难和挫折、人际关系或交往困难。

(1)专业困难和挫折。指教师因适应期不能良好胜任本职工作所遇到的负性压力情境。应采取理智地应付困境和挫折、从失败中吸取经验教训、或求助他人等应对方式，积极解决问题。通过学习成长和发展自己，使自己成熟起来，进而高效工作。

（2）人际关系或交往困难。指师生或者同事关系的困难。需要调整自己的心理状态，准确定位，掌握心理调整的方法。

4.4 具有良好的生活情趣，至少培养一种有益身心健康的兴趣爱好。

【内容要点】

（1）能够认识生活情趣的含义，理解良好的生活情趣对身心调节和对工作促进的价值。

（2）至少培养一种有益身心健康的兴趣爱好，或者是打球、游泳、跑步、下棋、登山、散步等体育类活动；或者是唱歌、弹（拉）琴、绘画、吟诗、跳舞等艺术类活动；抑或是养花、喂鸟、钓鱼、摄影、旅游、会友、烹调生活类活动。

领域二 学科与教育教学专业知识

标 准	结果指标
5. 关于学科的知识	5.1 掌握所任社会科课程标准中明确规定的学科知识。 5.2 了解所任社会科课程的学科知识与技能体系。

5.1 掌握所任社会科课程标准中明确规定的学科知识。

【内容要点】

社会科各科课程标准中明确规定的学科知识分述如下。

小学品德与生活的学科知识

《义务教育品德与生活课程标准（2011 年版）》中明确规定的基础知识，主要包括：健康、安全地生活，愉快、积极地生活，负责任、有爱心地生活，动手动脑、有创意地生活等领域的知识。

小学品德与社会的学科知识

《义务教育品德与社会课程标准（2011 年版）》中明确规定的基础知识，主要包括：我的健康成长，我的家庭生活，我们的学校生活，我们的社区生活，我们的国家，我们共同的世界等领域的知识。

初中思想品德的学科知识

《义务教育思想品德课程标准(2011年版)》中明确规定的知识，主要包括：成长中的我，我与他人和集体，我与国家和社会等领域涉及的心理、道德、法律、国情等方面的知识。

高中思想政治的学科知识

《普通高中思想政治课程标准(实验)》中明确规定的知识，主要包括：经济生活、政治生活、文化生活、生活与哲学等必修内容的知识以及科学社会主义、经济学常识、国家和国际组织常识、科学思维常识、生活中的法律常识、公民道德与伦理常识等选修内容的知识。

初中历史的学科知识

《义务教育历史课程标准(2011年版)》中明确规定的知识，主要包括：中国古代史，中国近代史，中国现代史，世界古代史，世界近代史，世界现代史等断代历史知识。

高中历史的学科知识

《普通高中历史课程标准(实验)》中明确规定的知识，主要包括：反映人类社会政治、经济、思想文化、科学技术等领域的必修内容和旨在进一步激发学生的学习兴趣，拓展学生的历史视野，促进学生个性化发展的选修内容，包括历史上重大改革回眸、近代社会的民主思想与实践、20世纪的战争与和平、中外历史人物评说、探索历史的奥秘、世界文化遗产荟萃六个模块的内容。

初中地理的学科知识

《义务教育地理课程标准(2011年版)》中明确规定的知识，主要包括：地球与地图，世界地理，中国地理，乡土地理等知识内容。

高中地理的学科知识

《普通高中地理课程标准(实验)》中明确规定的知识，主要包括：自然地理、人文地理和区域地理等必修内容；宇宙与地球、海洋地理、旅游地理、城乡规划、自然灾害与防治、环境保护及地理信息技术应用等七个模块的选修内容。

5.2 了解所任社会科课程的学科知识与技能体系。

【内容要点】

社会科各学科的知识与技能体系分述如下。

小学品德与生活学科的知识体系

品德与生活课程以小学低年级儿童的生活为基础，用儿童与自我、儿童与社会、儿童与自然三条主线以及健康、安全地生活，愉快、积极地生活，负责任、有爱心地生活，动手动脑、有创意地生活等四个方面交织构建，其所涉及的知识主要有：关于儿童良好生活、习惯、品德的基本知识，生活中的自然、社会常识以及国旗、国徽、国歌等有关祖国的知识等。

小学品德与生活学科的技能体系

品德与生活所涉及的学科技能主要有：参与活动、热爱劳动、料理自身生活的基本技能；与同伴友好交往、合作的基本方法和技能；应用观察、比较、调查、小实验等方法进行简单的生活和社会探究的能力；应用图书、电视、网络等多种方式收集资料的能力；初步分辨是非和选择的能力。

小学品德与社会课程的知识体系

《义务教育品德与社会课程标准(2011 年版)》中明确规定的基础知识，包括：我的健康成长，我的家庭生活，我们的学校生活，我们的社区生活，我们的国家，我们共同的世界等领域的内容。

小学品德与社会课程的技能体系

《义务教育品德与社会课程标准(2011 年版)》中所涉及的基本技能主要有：具有使用地图和图表、搜集整理运用信息、问题解决等学习能力；价值判断和选择的能力；参与、合作和沟通等实践能力。

(1)使用地图、图表的技能

能理解并运用方向、图例等地图要素进行学习；能读懂图表的含义，学会制作简单的图表；能准确、熟练地运用常用地图、图标的基础知识进行分析、解释、说明，并在生活中加以运用。

(2)收集信息、整理信息、运用信息的能力

能利用多种方式，安全、广泛、有效地收集信息；能对收集的信息进行选择、分类、比较、归纳、再加工；能综合运用信息说明问题、事物、现象。

(3)问题解决的能力

能在老师的引导下提出问题；能针对问题，提出可能的解决方案；能综合运用多种信息，形成合理的解释；能条理清晰地陈述自己的观点，在倾听、合作、交流、分享中，完成学习任务；能对问题得出初步结论，运用语言、图表等方式呈现问题解决的过程和结论。

(4)价值判断和选择的能力

能从不同角度观察、认识、分析社会事物和现象；能合理、有创意地探究和解决生活中的问题；能对生活中遇到的道德问题做出正确的判断和选择。

(5)参与能力

能调整自己的行为以适合各种群体和情境的变化；能参与制定群体生活的规则；能力所能及地参与社会公益活动；能尝试解决同学间的冲突。

(6)合作沟通能力

能清楚地表达自己的感受和见解；能倾听他人的意见；能与他人平等地交流与合作。①

初中思想品德学科的知识体系

思想品德学科是一门综合性的学科，其学科课程融合了道德、心理健康、法律、国情等相关内容的知识。该学科的知识学习最终指向的是引导和促进初中学生道德品质、健康心理、法律意识和公民意识的进一步发展，形成乐观向上的生活态度，逐步树立正确的世界观、人生观和价值观。因此，教师需要掌握道德、心理健康、法律、国情等领域的知识；了解思想品德学科与历史、地理以及生活实践、社会发展之间的联系性，掌握相关学科的知识，并能有意识地在思想品德教学中渗透。

初中思想品德学科的技能体系

(1)自我调适、自我控制的能力。

(2)参与社会公共生活、交往和沟通的能力。

(3)搜集、处理、运用信息的能力。

(4) 以正确的价值观为标准，作出正确的道德判断和选择的能力。

(5)运用法律维护合法权益的能力。

---

① 参见《北京市小学教师基本功培训与展示活动培训手册》，2008 年 11 月。

(6)保护环境的能力。

(7)道德思维能力和问题解决能力。

高中思想政治学科的知识体系

高中思想政治学科的知识体系主要包括两个部分的内容，一是指经济生活、政治生活、文化生活、生活与哲学等必修内容的知识；二是指科学社会主义、经济学常识、国家和国际组织常识、科学思维常识、生活中的法律常识、公民道德与伦理常识等选修内容的知识。

高中思想政治学科的技能体系

(1)参与经济、政治、文化生活的能力。

(2)价值判断和行为选择的能力。

(3)处理竞争与合作关系的能力。

(4)自主学习、探究的能力。

(5)应用法律维护权益的能力。

(6)应用现代信息技术，收集、筛选社会信息的能力。

中学历史学科的知识体系

历史是过去发生的事。历史知识是对过去事的记载，是人们对过去事的认识。历史通常以历史史实、文明成果等方式呈现，再以历史线索、历史规律等方式概括。其中历史事件、历史人物、历史现象等构成历史史实；中国古代史、中国近代史、中国现代史、世界古代史、世界近代史、世界现代史构成人类社会发展的历史线索；文明成果(文化遗产)包括政治文明、经济发展、思想文化等方面历史史实既可以按照时空排序形成历史线索；也可以按照社会发展的需求呈现不同领域的文明成果(文化遗产)。透过历史线索可以发现人类社会由低级到高级的演进的基本趋势；透过具体的文明成果(文化遗产)可以发现历史的时代特征，政治、经济、文化间的相互关系和对历史进程的影响。从而达到掌握历史事实、理解基本概念、学会历史思维，实现总结规律以史为鉴的课程目标。

中学历史学科的技能体系

初高中历史课程标准从历史思维能力、历史研究能力和历史学习能力三维度构建中学历史学科技能体系：历史思维能力(在具体的时空条件下考察历史事物；运用时序与地域、原因与结果、动机与后果、延续与变迁、联系与综合等概念，理解和判断历史事实；经过分析、综合、概括、比较

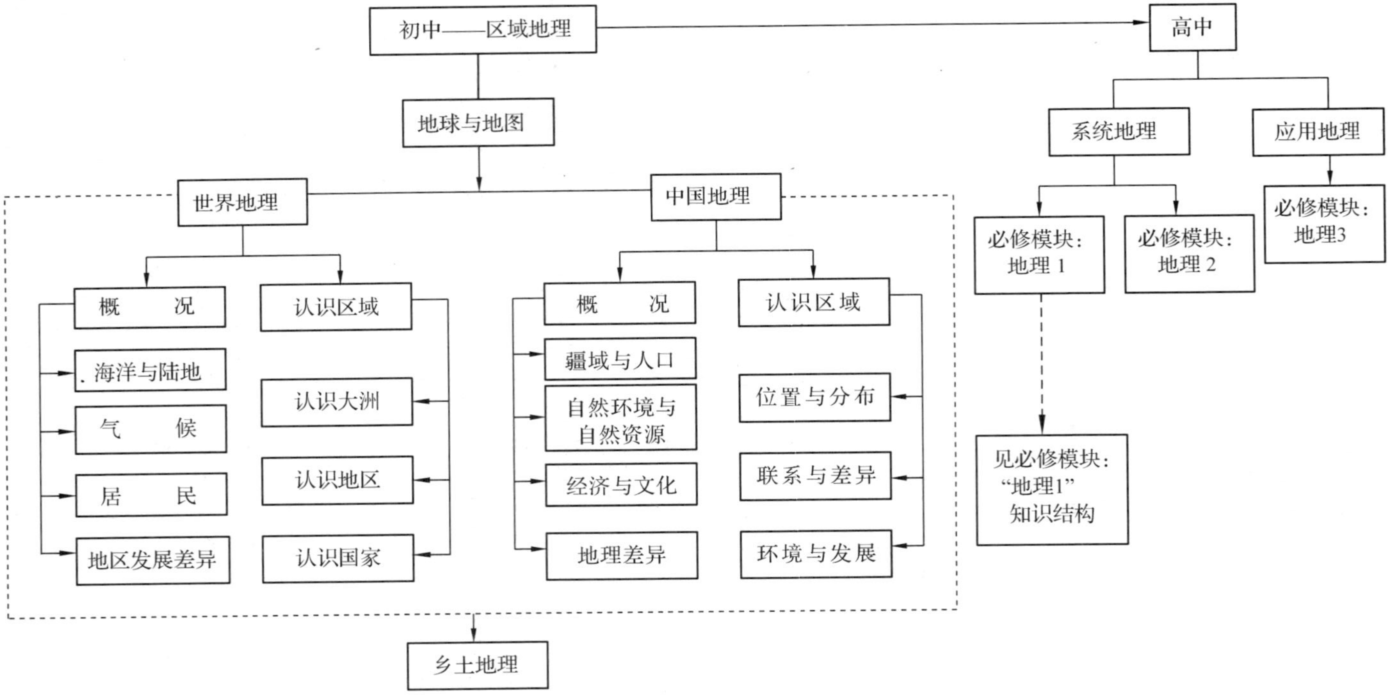

图 3-1　中学地理学科知识体系示意图①

① 教育部基础教育课程教材专家工作委员会组织编写：《义务教育地理课程标准(2011 年版)解读》，第 50 页，北京，高等教育出版社，2012。

等思维过程，形成历史概念，进而认识历史发展的时代特征和历史发展的基本趋势）、历史研究能力（探究历史问题——在了解历史事实的基础上，发现并提出问题，理解历史问题的价值和意义，体验探究历史问题的过程；分析和评价历史事物——搜集资料、构建证据和独立思考；探究历史的价值——反思历史，汲取历史的经验教训）和历史学习能力（基本技能：计算历史年代的方法、阅读教科书及有关历史读物的方法、识别和运用历史地图和图表的方法、查找和收集历史信息的途径和方法、运用材料具体分析历史问题的方法等；基本观点和方法：用历史唯物主义观点阐释人类历史发展进程和规律）。

中学地理学科的知识体系

中学地理学科的知识体系如图 3-1 所示。

高中地理必修模块“地理 1”知识结构如图 3-2 所示。

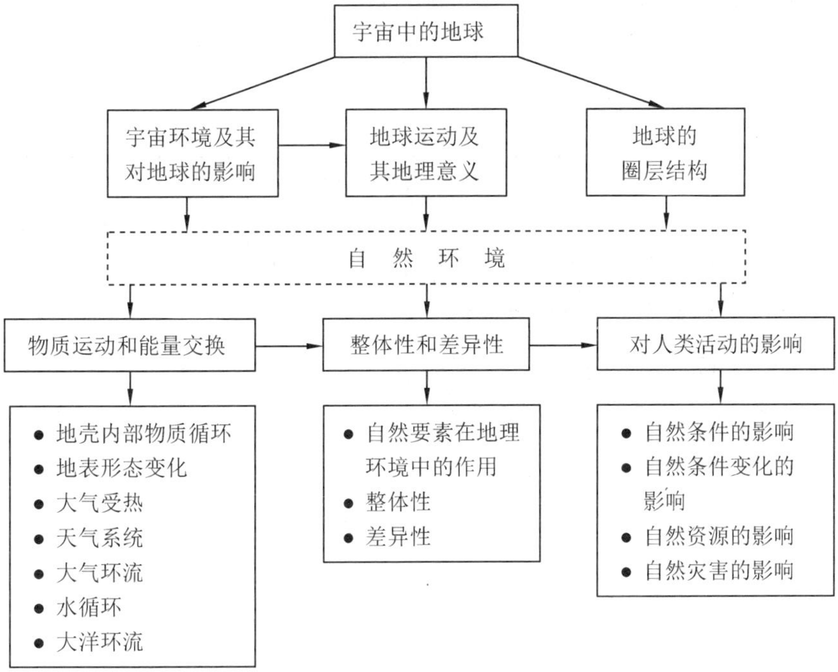

图 3-2 高中地理必修模块“地理 1”知识结构示意图①

① 《走进新课程》丛书编委会组织，地理课程标准研制组编写：《普通高中地理课程标准（实验）解读》，第 68 页，南京，江苏教育出版社，2004。

中学地理学科的技能体系

国外有些国家的地理课程把提出地理问题的技能、收集地理信息的技能、整理地理信息的技能、分析地理信息的技能、回答地理问题的技能作为五项核心地理技能。《地理教育国际宪章》把发展学生提出问题、收集和组织地理信息、处理分析资料、评价判断、解决问题等能力作为能力培养目标，并强调这些能力培养要渗透在地理技能培养的内容和过程之中。我国《义务教育地理课程标准(2011 年版)》中表述的地理技能目标清晰地概括了地理读图技能、地理信息应用技能、地理操作技能三大类地理技能。三类地理技能不是孤立存在，而是相互交织、相互叠加的。地图技能、操作技能也含有地理信息应用技能，读图、操作活动可以补充地理信息量，为地理研究提供丰富信息，而读图与信息应用技能有助于操作技能的发展。①

地理技能为学生提供了地理思考的必要工具与技术，它是了解地球上自然、人文地理环境的特征和变化过程的特有方法，地理技能帮助学生作出理性的决策，使学生有效观察环境资源的类型、关联和空间秩序，并能帮助学生提出解决问题的方案。

标　准	结果指标
6. 关于学生的知识	6.1　了解发展心理学、教育心理学关于学生的知识，具有将其应用于所任社会科课程教学的意识。

6.1　了解发展心理学、教育心理学关于学生的知识，具有将其应用于所任社会科课程教学的意识。

【内容要点】

(1)了解发展心理学在品德与生活、品德与社会教学中应用的知识。

理解儿童发展心理学的基本主题，初步建构儿童心理发展的思考框架；掌握儿童心理发展阶段特征以及制约儿童心理发展的因素；了解儿童发展

① 参见教育部基础教育教材专家工作委员会组织编写：《义务教育地理课程标准(2011 年版)解读》，第 4 页，北京，高等教育出版社，2012；《走进新课程》丛书编委会组织，地理课程标准研制组编写：《普通高中地理课程标准(实验)解读》，第 3 页，南京，江苏教育出版社，2004。

心理学的基本理论，主要有：皮亚杰(Jean Piaget)的“认知发展理论”、科尔伯格(Lawrence Kohlberg)的“道德发展阶段理论”[①]、埃里克森(Erik H. Erikson)的“心理社会发展理论”、华生(John B. Waston)的“行为主义理论”、维果茨基(Лев Семёнович Выготский)的“最近发展区”观点等，并能从儿童心理发展的视角观察、分析和解决小学生成长中的问题；能根据小学生的心理发展特点，初步实施发展性教学。

(2)了解教育心理学在品德与生活、品德与社会教学中应用的知识。

了解教学情境中“学与教”互动过程特点；了解行为主义学习理论、认知派学习理论以及人本主义学习理论的基本观点及其局限性；了解建构主义理论的知识观、学生观和学习观的基本观点等，并应用于教学和指导学生的学习；了解学生学习的实质、类型、学习过程和个体差异；了解学生知识的获得和技能形成以及态度与品德形成的心理过程、影响条件等，并能指导教学；了解学习动机理论，注重激发小学生的学习兴趣，促进知识的意义建构，关注学习迁移能力的生成以及学生良好品德行为的形成，指导小学生掌握简单的学习策略，逐步引导学生学会学习，提高学习效率。

(3)了解发展心理学在历史、地理、思想品德、思想政治等教学中应用的知识。

了解“认知发展理论”“心理社会发展理论”“行为主义理论”“最近发展区”等儿童发展心理学的基本理论；了解中学生的身体变化及其对心理发展的影响；理解中学生认知的发展、情绪、人格及社会性的发展等知识；并能从儿童心理发展的视角观察、分析和解决中小学生成长中的问题；能根据中学生的心理发展特点，初步实施发展性教学。

(4)了解教育心理学在历史、地理、思想品德、思想政治等教学中应用的知识。

---

① 科尔伯格继皮亚杰之后对儿童道德发展问题进行了大量的、卓有成效的研究，提出了系统的道德发展阶段理论，即三水平六阶段理论。三水平是指前习俗水平、习俗水平、后习俗水平。六阶段是指每个水平中又可划分为两个不同的阶段。第一阶段：惩罚与服从定向阶段；第二阶段：相对功利取向阶段；第三阶段：寻求认可定向阶段；第四阶段：遵守法规和秩序定向阶段；第五阶段：社会契约定向阶段；第六阶段：原则或良心定向阶段。科尔伯格主要是从发展心理学的角度来论述道德发展的，他强调道德发展是认知发展的一部分；强调道德判断同逻辑思维能力有关；强调社会环境对道德发展有着巨大的刺激作用。

了解教学情境中“学与教”互动过程的特点；了解行为主义学习理论、认知派学习理论以及人本主义学习理论的基本观点及其局限性；掌握建构主义理论的知识观、学生观和学习观的基本观点等，并应用于教学和指导学生的学习；了解学生学习的实质、学习过程、类型和个体差异，了解学生知识的获得、技能形成以及态度与品德形成的心理过程，了解学习动机理论，激发学生的学习兴趣，促进知识的意义建构与学习迁移能力的生成；能引导中学生掌握学习策略，逐步学会自我调节学习，提高自主学习能力；注重培养中学生的创造性思维和问题解决能力。

标　准	结果指标
7. 关于课程的知识	7.1　了解社会科所任学科的课程性质、课程目标、课程内容、课程组织和课程评价等知识。 7.2　理解课程改革中提出的培养学生公民素养和人文素养的理念，并努力实践课改中倡导的价值与行为。

7.1　了解社会科所任学科的课程性质、课程目标、课程内容、课程组织和课程评价等知识。

【内容要点】

课程性质决定了课程目标、课程内容、课程组织和课程评价等，教师要重视和把握课程性质。

小学品德与生活

品德与生活课程是一门以小学低年级儿童的生活为基础，以培养具有良好品德与行为习惯、乐于探究、热爱生活的儿童为目标的活动型综合课程。其具有生活性、活动性、综合性、开放性的基本特征。

小学低年级是儿童从幼儿生活向小学生活过渡并逐步适应学校生活的重要时期，也是儿童品德和行为习惯、生活态度、认知能力发展的重要时期。品德与生活课程旨在以正确的价值观引导儿童更好地适应学校生活，形成良好的行为习惯，在充满探究与创造乐趣的童年生活中，为学会生活、学会做人打下基础。

课程在内容的选择和组织中，以小学低年级儿童的生活为基础，采用三条主线和四个方面建构课程基本框架的设计思路，体现儿童与自然、儿童与社会、儿童与自我的内在整合，促进学生健康、安全地生活，愉快、积极地生活，负责任、有爱心地生活，动手动脑、有创意地生活。

在教学中把了解儿童作为教学的基础，深刻理解和全面把握本课程的性质、特征、基本理念、目标、教与学的基本形式，坚持多元、开放、整体的儿童评价观，运用多种评价方法，激励每个儿童的发展，促进每个儿童的品德发展与生活能力的提升。

小学品德与社会

品德与社会课程是在小学中高年级开设的一门以学生生活为基础、以学生良好品德形成为核心、促进学生社会性发展的综合课程。概括地说，就是使学生在了解和认识家庭、社区、国家、世界等不同范围的社会生活的过程中，激发学生爱父母、爱学校、爱老师同学、爱家乡、爱祖国、爱党、爱社会主义的情感；获得国际理解和全球意识；逐步形成道德规范意识，认识人际关系，形成社会技能和道德行为习惯；培养学生参与社会生活的能力和社会责任感，促进学生的社会性发展，为学生形成基本的公民素质奠定基础。

品德与社会课是一门综合课程，具有综合性、实践性、开放性等特性。它是一个有着内在逻辑和价值关联的学科群，包含了品德、行为规范和法制教育，爱国主义、集体主义和社会主义教育，国情、历史和文化教育，地理和环境教育，生命与安全教育，民族团结教育等多方面的教育内容；它用整体论的观点，培养学生认识问题、解决问题的能力；它是一个开放的系统，承认、尊重人类价值观的多样性。

课程在内容的选择和组织中，根据儿童的成长和认识规律，根据儿童生活范围逐步扩大的特点，采用“一条主线，点面结合，综合交叉，螺旋上升”的课程设计思路。

在教学中侧重关注综合把握课程要素、课程内容、教学活动和学习方式方法，多角度多层面理解、认识自我、他人和社会，以此为基础，形成基本的道德品质，促进社会性发展。①

初中思想品德

思想品德课程是一门以初中学生生活为基础、以引导和促进初中学生

① 高峡、赵亚夫：《新课程与新教学的探索》，第45～47、60～61、74～82、65～66、97～98页，北京，北京师范大学出版社，2003。

思想品德发展为根本目的的综合性课程，具有思想性、人文性、实践性和综合性的特点。课程以社会主义核心价值体系为导向，旨在促进初中学生正确思想观念和良好道德品质的形成与发展，为使学生成为有理想、有道德、有文化、有纪律的合格公民奠定基础。

课程在内容的选择和组织中，以初中学生逐步扩展的生活为基础，以学生成长过程中需要处理的关系为线索，有机整合道德、心理健康、法律、国情等方面的内容进行设计。初中阶段的学生需要进一步学习正确处理与自我、与他人和集体，以及与国家和社会的关系。这三组重要关系依次构成了本课程的"成长中的我、我与他人和集体、我与国家和社会"三大内容板块。每一内容板块中均涉及道德、心理健康、法律和国情等方面的具体内容。

在教学中要准确把握课程性质，全面落实课程的情感、态度和价值观、能力、知识目标，注重学生的情感体验和道德实践，运用多种评价方法，促进初中学生思想品德的健康发展。

高中思想政治

高中思想政治课进行马克思列宁主义、毛泽东思想、邓小平理论和"三个代表"重要思想的基本观点教育，以社会主义物质文明、政治文明、精神文明建设常识为基本内容，引导学生紧密结合与自己息息相关的经济、政治、文化生活，经历探究学习和社会实践的过程，领悟辩证唯物主义和历史唯物主义的基本观点和方法，切实提高参与现代社会生活的能力，逐步树立建设中国特色社会主义的共同理想，初步形成正确的世界观、人生观、价值观，为终身发展奠定思想政治素质基础。

高中思想政治课与初中思想品德课和高校政治理论课相互衔接，与时事政策教育相互补充，与高中相关科目的教学和其他德育工作相互配合，共同完成思想政治教育的任务。

中学历史

历史课程是社会科中的一门基础课程，对学生的全面发展和终身发展有着重要的意义。初中历史课程主要具有思想性、基础性、人文性、综合性等特性；与社会科其他课程相比，其基础性是历史课程特有的，在教学中要加强对基础性的把握：根据学生的心理特征和认知水平，以普及历史常识为重，引领学生掌握基本的、重要的历史知识和技能，逐步形成正确的历史意识，为学生进一步的学习与发展打下基础。高中历史课程是用历史唯物主义观点阐释人类历史发展进程和规律，进一步培养和提高学生的历史意识、文化素质和人文素养，促进学生全面发展的基础课程。高中历史教学要侧重对人类发展进程中丰富的历史文化遗产的把握，使学生了解人类社会发展的基本脉络，总结历史经验教训，继承优秀的文化遗产，弘扬民族精神；学会用马克思主义科学的历史观分析问题、解决问题；学习从历史的角度去了解和思考人与人、人与社会、人与自然的关系，进而关注中华民族以及全人类的历史命运；从而培养学生健全的人格，促进个性的健康发展。

中学地理

《地理教育国际宪章》提出，地理在各个不同级别的教育中都可以成为有活力、有作用、有兴趣的科目，并有助于终身欣赏和认识这个世界。《义务教育地理课程标准(2011 年版)》明确指出，义务教育地理课程是一门兼有自然科学和社会科学性质的基础课程。从地理课程内容的选择、组织来看，需要以科学发展观和可持续发展为主题，以人地关系协调为主线，紧扣人口、资源、环境、发展等重大问题，培养学生正确的人口观、资源观、环境观和发展观。同时，地理课程需要贴近生活，从地理事物、地理现象分析入手，阐明地理原理，培养学生分析和解决地理问题的能力。义务教育地理课程，要求学生掌握基础地理知识，获得基本的地理技能和方法，了解环境与发展问题，增强爱国主义情感，初步形成全球意识和可持续发展观念①。高中阶段的地理课程是在义务教育基础上进一步提高国民素质、面向大众的基础教育。高中地理课程兼跨“人文与社会”和“科学”两个学习领域，提供现代公民必备的地理知识，增强学生的地理学习能力和生存能力，关注人口、资源、环境和区域发展等基本问题，以利于学生正确认识人地关系，形成可持续发展观念。②

① 参见教育部基础教育教材专家工作委员会组织编写：《义务教育地理课程标准(2011 年版)解读》，第 49 页，北京，高等教育出版社，2012。

② 《走进新课程》丛书编委会组织，地理课程标准研制组编写：《普通高中地理课程标准(实验)解读》，第 3 页，南京，江苏教育出版社，2004。

7.2 理解课程改革中提出的培养学生公民素养和人文素养的理念，并努力实践课改中倡导的价值与行为。

【内容要点】

社会科中的品德与生活、品德与社会、思想品德、思想政治、历史、历史与社会、地理等不同课程都提出了培养学生人文素养的教育理念，都具有培养学生公民素养的教育目标，而且同一课程的教育目标在不同学段有联系性、层级递进性，呈现出螺旋式上升的特点。以品德与生活、品德与社会、思想品德、思想政治学科课程为例。

小学品德与生活课程的基本理念

(1)引导儿童热爱生活、学会关心、积极探究是课程的核心。

(2)珍视童年生活的价值，尊重儿童的权利。

(3)道德存在于儿童的生活中，德育离不开儿童的生活。

(4)让教与学植根于儿童的生活。

小学品德与社会课程的基本理念

(1)帮助学生参与社会、学会做人是课程的核心。

(2)学生的生活及其社会化需求是课程的基础。

(3)提高德育的实效性是课程的追求。

初中思想品德课程的基本理念

(1)帮助学生过积极健康的生活，做负责任的公民是课程的核心。

(2)初中学生逐步扩展的生活是课程的基础。

(3)坚持正确价值观念的引导与学生独立思考、积极实践相统一是课程的基本原则。

高中思想政治课程的基本理念

(1)坚持马克思主义基本观点教育与把握时代特征相统一。

(2)加强思想政治方向的引导与注重学生成长的特点相结合。

(3)构建以生活为基础、以学科知识为支撑的课程模块。

(4)强调课程实施的实践性和开放性。

(5)建立促进发展的课程评价机制。

标 准	结果指标
8. 关于教学的知识及学科教学知识	8.1 了解社会科有关教学目标、教学原则、教学内容、教学过程、组织和管理及教学评价等方面的知识，并知道其适用范围。

8.1 了解社会科有关教学目标、教学原则、教学内容、教学过程、组织和管理及教学评价等方面的知识，并知道其适用范围。

【内容要点】

(1)社会科教学目标

教学目标在教学中有三种功能：指导教学方法、技术、媒体的选择与运用；指导教学结果的测量与评价；指引学生学习①。社会科的教学目标是实现社会科整个目标体系的过程。整个目标体系由课程目标、专题(主题)专项目标、内容目标三个层级构成。其中的课程目标分总目标和分类目标。其中的分类目标分知识与技能、过程与方法、情感态度价值观三个维度。②

(2)社会科教学原则

是指反映社会科教学规律，用以指导社会科教学实践的基本法则。社会科教学在遵循一般教学原则(知识传授与能力培养相协调、智力培养与心力培育相协调、深入与浅出相协调、教师主导作用与学生主体作用相协调等原则)的基础上，还必须遵循以下社会科特有的教育目标体系的整体性、教学过程的层次性、教学内容的综合性、教学方法的优化、教学活动的主体性等原则③。

(3)社会科教学内容

主要包括：课程标准所规定的内容、教材中所呈现的内容、相关的课程资源等。

---

① 皮连生：《学与教的心理学(修订版)》，第 227～228 页，上海，华东师范大学出版社，1997。

② 阳光宁：《社会科教育学概论》，第 31 页，合肥，合肥工业大学出版社，2006。

③ 同上书，第 93～101 页。

(4)社会科教学过程和组织形式

社会科的教学是一种特殊的交往过程，是学习、掌握人文社会科学的基本知识，掌握技能、发展智能，培养高尚的道德情操和正确的价值观，锤炼个性的过程。①

课堂教学是社会科教学的基本组织形式；学习探究课(活动课)是其重要的组织形式；课外活动是其重要(补充)的组织形式。

活动课的组织方式有集体活动、小组活动和个别活动等；活动课的形式有表演、讨论、辩论、展示等。由于课时的限制，活动课的教学形式没有课外活动机动灵活，内容没有课外活动丰富，因此它不可能取代课外活动。

课外活动是指课堂教学以外的具有综合性实践性自主性的教学活动。它的种类主要有以下四类。

①扩展知识性的活动：如阅读、专题报告会、知识竞赛、讨论和辩论等。

②社会实践活动：如参观考察、调查访谈等。

③培养技能性的活动：如制作、编辑、展览等。

④体验性(娱乐性)活动：如角色扮演、观看影视剧、故事会和演讲会、晚会等。②

(5)社会科教学评价

教学评价是以教学目标为依据，运用可操作的科学手段，通过系统地收集有关教学的信息，对教学活动的过程和结果作出价值上的判断，并为被评价者的自我完善和有关部门的科学决策提供依据的过程③。社会科教学评价至少涵盖两方面的内容：判断教学活动是否达到社会科教学目标；评定学习结果达到社会科教学目标的程度。

---

① 阳光宁：《社会科教育学概论》，第83～91页，合肥，合肥工业大学出版社，2006。

② 同上书，第93～106页。

③ 施良方、崔允漷：《教学理论：课堂教学的原理、策略与研究》，第330页，上海，华东师范大学出版社，1999。

标 准	结果指标
9. 科学与人文素养	9.1 初步了解科学素养与人文素养的内涵，认识到拥有广博的人文知识、自然科学知识，对社会科教学的重要意义。 9.2 熟悉、认同本土文化，了解异域文化。具有传承中华优秀文化的责任感和加强国际理解的意识。 9.3 培养获取、处理和生成与教学有关信息的能力，提高信息素养。

9.1 初步了解科学素养与人文素养的内涵，认识到拥有广博的人文知识、自然科学知识，对社会科教学的重要意义。

【内容要点】

科学与人文素养，是现代社会的每一位公民均应具备的通识性的知识、技能、方法、态度和观念。

科学素养，是指运用科学基本观点理解自然界并能做出相应决定的能力，以及能够确认科学问题、使用证据、做出科学结论并就结论与他人进行交流的能力。其内涵主要包括：掌握科学术语、常识和基本观点；了解科学方法和科学探究过程；认识科学对个人和社会的影响。

人文素养，是指人文科学的知识水平、研究能力和人文科学体现出来的以人为对象、以人为中心的精神。其内涵包括：具备人文知识、理解人文思想、掌握人文方法、遵循人文精神。

人文知识，是指人类关于人文领域的基本知识，如历史知识、文学知识、政治知识、法律知识、艺术知识、哲学知识、宗教知识、道德知识、语言知识等。人文思想，是支撑人文知识的基本理论及其内在逻辑。与科学思想不同，人文思想具有很强的民族色彩、个性色彩和鲜明的意识形态特征。人文方法，是指人文思想中所蕴涵的认识方法和实践方法。与科学方法强调精确性和普遍适用性不同，人文方法重在定性，强调体验，且与特定的文化相联系。人文精神，是人文思想、人文方法产生的世界观、价值观基础，是最基本、最重要的人文思想、人文方法。主要表现为：在处理人与自然、人与社会、人与文化的关系时，突出人是主体的原则；在认识和实践活动中，以人各种需要的满足为最终诉求，强调人是目的的原则；在人与物的比较中，突出人高于物、贵于物的特殊地位，强调精神重于物质，人的价值重于物的价值，生命价值优先的人道主义原则和人本主义原则；在人与人的关系中，强调相互尊重对方的人格尊严，突出人人平等的原则。

教师这一职业要求教师不仅具备比常人更好的科学人文素养，而且要成为不断提高自身科学人文素养的楷模。教师拥有的人文知识、自然科学知识越广博，越能够在社会科的教学中纵横捭阖、游刃有余。

9.2　熟悉、认同本土文化，了解异域文化。具有传承中华优秀文化的责任感和加强国际理解的意识。

【内容要点】

文化是自然的人化，是人类有意识地作用于自然和社会的一切活动过程和结果，包括物态文化、制度文化、行为文化、形态文化四个层面。物态文化，由物化力量构成，为人类最基本的生存需求，如衣食住行；制度文化，由各种社会规范构成，如经济、婚姻、家族、政法、宗教社团、教育、科技的相关制度及准则；行为文化，由人际交往中约定俗成的习惯性定势构成，如社会行为，风尚习俗；心态文化，由社会实践和意识中长期化育出来的价值观念、审美情趣、思维方式构成，如文学艺术哲学宗教等。

本土文化，包括祖国文化和家乡文化；异域文化，包括外国文化和异地文化，比如中国各少数民族的文化。

社会科教师，在传承中华民族优秀文化方面具有特殊优势和重大责任。因此，社会科教师要格外重视传统文化的积淀，加强传承中华优秀文化的责任感。同时，不断了解异域文化，尊重文化的多样性，加强国际理解。

9.3　培养获取、处理和生成与教学有关信息的能力，提高信息素养。

【内容要点】

信息素养是信息化时代人们需要具备的一种基本能力。它包括：能够判断什么时候需要信息，并且懂得如何去获取信息，如何去评价和有效利用所需的信息，即获取信息、处理信息和生成信息的能力。

获取信息：能根据教学目标收集各种教学资料与信息，了解运用阅读、访问、讨论、参观、实验、检索等获取信息的方法。

处理信息：能对收集的信息进行归纳、分类、存储记忆、鉴别、遴选、分析综合、抽象概括和表达等。

生成信息：在信息收集的基础上，能综合、概述所需要的信息，使之简洁明了，通俗流畅。

维度二　专业实践

领域三　促进学生的学习与发展

标　准	结果指标
10. 创设良好的学习环境	10.1　建立良好的师生关系，创设安全的学习环境和友爱互助的学习氛围。

10.1　建立良好的师生关系，创设安全的学习环境和友爱互助的学习氛围。

【操作要点】

创设良好的学习环境包括两个方面，一是学生学习的安全友善的物理环境；二是学生学习的友爱互助的人文环境。

学生学习的安全友善的物理环境包括：(1)能够针对学生个性特点和社会科学习(包括课堂学习、学习探究、课外活动)需要更新学习环境布置；(2)能够在学习环境中设置鼓励和展示学生进步的标语和专栏；(3)能够针对学生个性特征和学习需要选择和设计教具。

学生学习的友爱互助的人文环境包括：(1)能够关注到每个学生的个性特点、学习状况和需求；(2)能够采取有效措施鼓励不同学生之间互相帮助；(3)能够关注学生中的弱势群体，并倡导全体学生提供帮助；(4)能够尊重学生的个性和隐私；(5)能够和学生建立融洽的师生关系。

标　准	结 果 指 标
11. 设计合理的教学方案	11.1　能够基于所任社会科课程标准、学习内容、初步的学情分析确定教学目标并进行正确表述。 11.2　熟悉教材内容，初步学会分析教材，确定学习重点。 11.3　能够从学生已有的知识基础和生活经验出发，确定学习难点。 11.4　能够依据教学目标设计教学进程。 11.5　能够根据教学目标设计评价方式。 11.6　能够提供一定的学习资源。

11.1　能够基于所任社会科课程标准、学习内容、初步的学情分析确定教学目标并进行正确表述。

【内容要点】

教学目标的确定是教学设计的基础和关键。教学目标的陈述还没有公认的、统一的标准，但一般的教学目标表述需要符合以下要求：

(1)目标的行为主体必须是学生而不是教师，目标设计与编写要以学生为中心。

(2)目标设计与编写要用可测可察的外显行为来界定，行为动词必须是可测量、可评价、具体而鲜明的。

(3)教学目标的陈述要反映学习类型，不同的学习类型通过不同的能力动词来陈述，如区分、识别、生成、采用等。

(4)目标设计与编写要全面考虑教学效果，除了顾及认知领域目标，还要同时顾及技能和情感态度价值观领域的目标。

(5)教学目标要指向全体学生，是所有学生所要达到的一般要求。

概括性地说，教学目标需要表述清楚学生、学什么、怎么学、学到什么程度这四件事情。

目前我国教育学者多采用 ABCD 模式来进行教学目标的表述。其中，A：主体(audience)、B：行为(behavior)、C：条件(conditions)、D：标准(degree)。

【操作要点】

(1)了解教学目标是教师在完成教学任务时所提出的概括性要求，是教学设计的基础和起点，所有教学活动都是为实现目标而设计的。

(2)通过对社会科所任课标及学习内容的分析，确定完成教学目标所需掌握的各知识点与技能要求。

(3)通过对学习者初始能力的分析确定教学的起点。

(4)在教学内容和学习者分析的基础上，明确、具体、详细地阐明通过教学而使学生在教学活动中所要达到的学习结果或标准。

(5)教学目标的确定为制定教学策略及开展教学评价提供依据。

【举例说明】 **确定教学目标并进行正确表述**

教学目标：学生能够运用相关地图和资料，准确说出世界人口增长和分布的特点。

其中“学生”是主体，“运用地图和资料”是条件，“准确”是标准，“说出”是行为，“世界人口增长和分布的特点”是内容。

教学目标在表述上常见以下错误：一是主体的错误；二是不可测量不可评价；三是目标层次混乱。

11.2 熟悉教材内容，初步学会分析教材，确定学习重点。

【操作要点】

(1)分析教材所涉及的基本事实，找出相应的子目名称。

(2)以课标为依据，分析教材如此呈现的原因，在单元中定位该课的学习内容及其价值。

(3)分析教材各子目之间的内在联系(纵向与横向)及其与课题的关系，确立学习重点。

【举例说明】

“世界反法西斯战争的胜利”是初中历史所学的重要内容，有的教材呈现了1942年年初至1945年8月第二次世界大战的进程，包括世界反法西斯同盟的形成、斯大林格勒战役、诺曼底登陆、雅尔塔会议和反法西斯战争的胜利五个子目。如何在分析纷繁复杂的历史内容的基础上，确立学习重点，成为确立并实现教学目标的关键一步。

在确立了本教材的五个子目之后，接下来要找寻为何教材要如此呈现的原因、分析编写该教材的相关初中历史课程标准的内容标准：

(三)第二次世界大战

(1)通过《联合国家宣言》和雅尔塔会议等史实，了解国际反法西斯联盟的建立及其作用。

(2)简述斯大林格勒战役、诺曼底登陆和攻克柏林战役在反法西斯战争中的作用。

课标从国际反法西斯联盟和军事抗击两个维度阐述世界反法西斯战争胜利的事实及其意义；教材则以时间顺序记录了世界反法西斯战争胜利的进程。

面对法西斯侵略的猖獗，反法西斯力量走向了联合。1942 年年初，《华盛顿宣言》的发表，标志着世界反法西斯同盟的建立。此后，反法西斯国家和世界人民共同抗击法西斯侵略。

首先，通过东线的斯大林格勒战役和西线的诺曼底登陆共同抗击打败德国法西斯，使“二战”取得决定性胜利。与此同时，反法西斯国家为了加强合作，召开了雅尔塔会议等重要会议，加速了反法西斯战争的胜利，并对战后世界产生了深远的影响。

其次，共同抗击打败日本法西斯。中、美、苏合作加速了日本的无条件投降。“二战”以世界人民的彻底胜利宣告结束。

由于世界反法西斯同盟的建立和世界反法西斯力量的联合是打败法西斯的决定力量，而斯大林格勒战役对共同抗击打败法西斯具有转折意义，所以世界反法西斯同盟的建立和斯大林格勒战役是本课的教学重点。

在分析教材的过程中，以课标为依据单元定位；分析教材各子目之间的内在联系及其与课题的关系，是确立学习重点的关键环节。

11.3 能够从学生已有的知识基础和生活经验出发，确定学习难点。

【操作要点】

(1)关注学生相关知识的学习基础。

(2)对学生新知识形成过程中可能遇到的困难进行调研。

(3)根据调研资料全面分析学生的学习任务，从而确定学习难点。

【举例说明】 **地理教学难点的确定**

地理教学难点是指学生学习起来有困难的知识、技能、方法等。教师确定和突破教学难点时需要思考以下问题[①]：

① 江晔、刘兰：《地理课堂教学技能训练》，第 24 页，上海，华东师范大学出版社，2008。

(1)教学难点不能一概而论，同一个内容对于不同的学生，有的是难点，有的未必是难点，这就需要教师结合学生的生活经验、知识基础和认知水平进行分析，从而判断出针对一般学生而言的难点。

(2)地理教学的难点主要有：一是因为空间性强而难以理解的内容(如地球的运动)；二是容易出错或混淆的内容(如时区)；三是离学生现实生活较远、并且比较抽象的内容(如积温)；四是需要一定背景知识做基础的内容(如大气圈对地球生命的保护)。

(3)突破难点就是要在学生学习困难之处选择策略、设计方法。通常的方法有：分散难点，各个击破；联系实际，举例说明；加强比较，区分异同；直观呈现，增强感知；梳理关系，层层解剖等。

11.4 能够依据教学目标设计教学进程。

【操作要点】

乌美娜教授提出的教学设计一般模式①(如图 3-3 所示)认为，教学设计一般要从学习需求分析出发，经过学习内容分析和学习者分析后，开始阐明学习目标，然后确定教学策略以及选择教学媒体，最后进行教学设计的

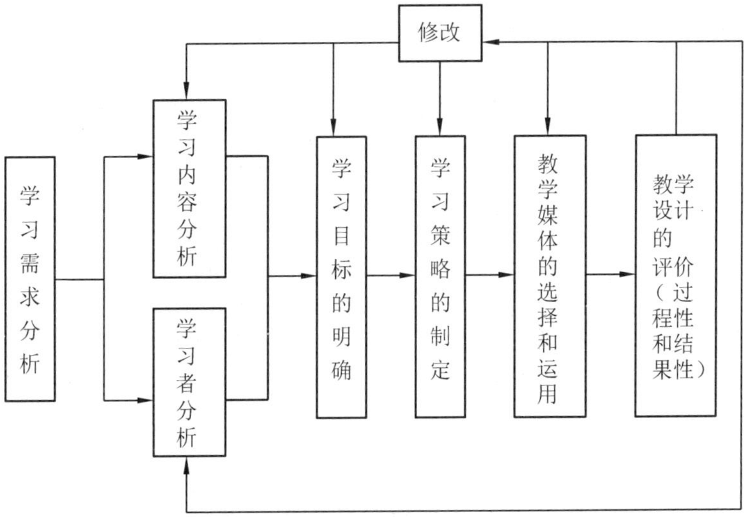

图 3-3 教学设计一般模式示意图

① 杨开成：《教学设计——一种技术的视角》，第 22 页，北京，电子工业出版社，2010。

评价。经过评价后，对于前面的工作结果进行修改。

这一模式从形式上看，可以表达两种内容：一种是教学设计工作的基本流程，即教学设计的各种操作步骤以及这些操作步骤之间的顺序关系；另一种是教学设计的技术原理，即教学设计各操作步骤间的数据上的依赖关系。教学设计要考虑到教学流程的连贯性和层递性。

一节好课，不仅要做到教学内容明确，教学重点突出，还要做到教学环节清楚，教学过程流畅。因此，教师在备课时，首先根据所任课程的特点，根据所教班级学生的学习状况来设计教学内容和教学环节。这些教学内容要充分体现完整性、连贯性和层递性，即每个教学环节之间，能够构成一个线性的甚至是立体的流程。

【举例说明】　**“大气运动”的相关教学内容间的关系及流程**

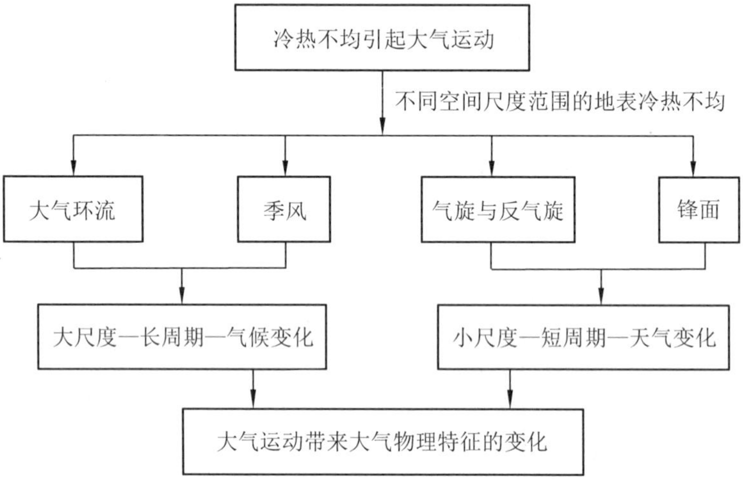

这是一个立体的单元教学内容流程。以往教师在处理大气环流、季风、气旋与反气旋、锋面时常常将它们各自独立讲授，而实际上这些内容是具有连贯性的，是通过地理学科独有的学科视角—尺度变化而连贯在一起的。而同时，冷热不均引起大气运动—大气运动带来大气物理特征的变化也是一个具有连贯性的内容。如果本课能将教学内容在横纵两个方面连贯起来，并以空间尺度的大小来区分内容的层次的话，不但能突显学科基本特点，展现学科知识体系，更能符合学生的认知心理。

11.5 能够根据教学目标设计评价方式。

【内容要点】

美国学者布卢姆(Benjamin S. Bloom)认为，教育评价按照其作用可分为诊断性评价、形成性评价和终结性评价三种方式。诊断性评价一般是指在某项教学活动开始之前对学生的知识、技能以及情感等状况进行的预测，形成性评价，是对学生日常学习过程中的表现、所取得的成绩以及所反映出的情感、态度、策略等方面的发展做出的评价，终结性评价是指学期或学年结束后进行的总结性评价。

【操作要点】

(1)根据教学内容和学生情况选择合适的评价方式。

(2)能够选择不同难度的题目布置作业或练习。

11.6 能够提供一定的学习资源。

【内容要点】

学习资源是指教学设计、实施和评价等整个教学过程中可利用的一切人力、物力以及自然资源的总和，包括教材、老师、学生、家长以及学校、家庭和社区中所有利于实现教学目标，促进教师专业成长和学生有个性的全面发展的各种资源。

【操作要点】

(1)选择及合理使用教与学资源。

(2)能够有效利用与学生生活密切相关的资源。

(3)选择和使用的资源能促进教学目标的达成。

(4)选择和使用的资源体现一定的教育价值。

【举例说明】

小学品德与社会课程倡导教师要从学生生活中捕捉、挖掘鲜活的素材，调动学生已有的经验和知识，根据实际条件，因地制宜，就地取材，创造性地发掘和利用学校、家庭、社区、媒体已有的资源，通过学生熟悉的材料拉近学生与学习对象的距离。特别是在提供素材性的学习资源时，既要切合学生的实际，根据学生的认知需求和学习情趣加以利用和开发，同时要根据教学目标选择具有典型性、针对性并蕴涵丰富的教育价值的资源，呈现品德与社会教学的“高立意、低起点”。

如“我国古代的丝绸之路”情境导入：教师出示葡萄、西红柿、黄瓜、石榴等并提问：“这是什么，认识吗?”“太熟悉了，可它是我们这里的原始居民吗？它是从哪儿、什么时候、怎样来到我们中间的？今天我们一起来学习‘我国古代的丝绸之路’。”

教师从学生的“最近发展区”出发，把果蔬作为学习资源，抓住了果蔬的教育价值，不仅因为它们是学生熟悉和亲近的，将它们作为认知的起点能激活新的认知需求，更因为这之中蕴涵着一段历史的因与果，学生在随之展开的对事物背后的原因追究的过程中，会深化、扩展他们对今天生活的认识和思考，培养学生用发展的眼光，联系的眼光看问题。

在学习资源选择时，需要教师学生从熟悉的事物出发，充分挖掘“身边事”的学习价值，努力寻找历史与现实的结合点、教学内容与学生生活的结合点，探寻新的认知的生长点，拉近现实和历史的距离，通过学习资源的呈现能引导学生经历从现实生活“情境”中“抽取”学科知识的学习过程。这样，不仅使儿童社会认识的形成具有实在的基础，还有利于培养学生用联系和发展的观点认识、理解问题，培养洞察力。因此，只有充分挖掘学习资源蕴涵的教育价值，才能做到品德与社会教学的“高立意、低起点”。

标　准	结果指标
12. 实施有效的教学活动	12.1　能够吸引学生注意力，激发学生学习兴趣。 12.2　能够合理安排教学时间，运用教学策略，完成预定的教学任务。 12.3　能够适当地采取互动的形式组织教学。 12.4　能够将现代教育技术手段应用到社会科教学中。

12.1　能够吸引学生注意力，激发学生学习兴趣。

【操作要点】

(1)将学生的已有知识、生活阅历和兴趣与学习目标联系起来。

(2)利用不同的教学策略与资源来满足学生的不同需求。

(3)在那些有助于提高学生学习主动性、互动性和决策能力的学习活动中，帮助他们减少学习困难。

(4)使学生参与到能使学科内容有意义的解决问题、批判性思考以及其他的活动中来。

(5)促进全体学生自主地、反思性学习。

12.2 能够合理安排教学时间，运用教学策略，完成预定的教学任务。

【操作要点】

(1)利用不同的方法来介绍、解释和复述学科内容中的概念及过程，使全体学生都能明白。

(2)选择适当的教学策略(如多媒体)使全体学生都能理解有复杂性及深度的教学内容。

(3)提出问题，促进讨论，澄清学生思想，加强学生的思考。

(4)利用突发事件促进学生学习。

(5)意识到当一节课失败时，该采取何种补救措施。

12.3 能够适当地采取互动的形式组织教学。

【操作要点】

(1)围绕教学重点难点提出核心问题，分组促进讨论，加强学生的思考。

(2)帮助学生决定学习活动中对时间和材料的处理。

(3)支持并监督学生在学习活动中的合作。

【举例说明】

在小学品德与社会课程的学习中，许多内容属于间接经验学习，所呈现的知识特征和抽象特征与学生的认知水平距离大。需要教师选择有效的教学策略，如创设与学生生活相连的有价值的教学情境，不仅可以建立新旧联系，拉近学生和学习内容的距离，更重要的是能激发学生学习动机；需要教师选择与教学目标相关、与学生学习兴趣相适应的有教育价值的课程资源；还需要教师运用有效的学习方式，比如探究学习、体验学习、问题解决学习等，促使知识逻辑与学生学习的认知逻辑之间的和谐统一。以此提升学生参与的积极性，使其真正成为课堂学习的主体。

“汉字的创造与发展”一课以汉字的起源—汉字的创造—汉字的发展—汉字的神奇这条知识逻辑作为主线，以相应的体验、探究等认知活动作为副线，并应用大量生动形象的多媒体画面展开教学，使知识呈现过程与认知发展过程相互协调、相互促进，从而使教学过程清新流畅，较好地解决教学难点，学生认识能力获得发展。教学活动中，教师让学生动手体验远古时期三种记事方法来了解汉字的起源；通过探究辨认甲骨文来感悟汉字的创造；通过书写比较同一字不同阶段的写法来了解汉字由图画到笔画、由繁到简、由难到易的发展过程；通过组词、组句、猜谜、欣赏多姿态的艺术字“舞、福、喜”及2008年北京奥运徽章，来体验汉字的神奇。通过一系列活动从中感受汉字文化的无穷魅力和中国人在文字上的创造力，从而激发学生对汉字和中国文化的喜爱和欣赏的情感。

案例分析：从上述课例可以看出，有效的教学活动需要贴近学生的需要，采用学生喜闻乐见的活动内容和方式，突出知识逻辑与认知逻辑的和谐统一，促进学生在兴趣盎然的学习活动中获得新的社会认知和社会情感。

12.4 能够将现代教育技术手段应用到社会科教学中。

【操作要点】

(1)在社会科教学中应用现代教育媒体。

(2)运用现代教育媒体的方法进行教育、教学活动。

(3)在社会科教学之前，对每节课采用优化教育、教学过程的系统方法，即课堂教学设计。

标　准	结果指标
13. 培养良好的学习习惯与指导学生学习	13.1　能够根据学生的实际情况，逐步提出学习要求。 13.2　具有指导学生形成良好的学习习惯和掌握学习策略的意识。

13.1 能够根据学生的实际情况，逐步提出学习要求。

【举例说明】

图表和表格因其形象直观、内涵丰富而被社会科广泛使用，培养学生阅读和解释图表类资料的能力成为社会科的基本技能目标之一。根据学生的不同学习阶段，可逐步提出“了解并能够运用图表和表格”的学习要求，具体如下：

(1)知道不同种类的图表(示意图、线条图、条形图、柱状图、饼状图)和表格，从直观上发现图表与表格的不同。

(2)读懂图表和表格所呈现的信息，能看懂上下、左右所对应信息的位置，每一位置中所对应内容分别表示的意思。

(3)根据学习任务的需要设计适用的图表和表格，制作简单的图表和表格表述所学内容。

13.2 具有指导学生形成良好的学习习惯和掌握学习策略的意识。

【操作要点】

学习习惯是指学生在学习活动中形成的固定态度和行为。好的学习习惯可以提高学习效率，保障学习任务完成，保障学习的质量和成绩。一般学习习惯主要包括课前预习的习惯、上课听讲与笔记的习惯、思考提问的习惯、课后及时复习的习惯、独立完成作业的习惯、注意学习卫生的习惯、收集信息的习惯、重视良好的考试习惯等。

社会科的学习习惯除了一般的学习习惯外，尤其关注以下学习习惯的培养：

(1)养成及时复习的习惯。①养成当天课程当天复习的习惯。在复习时让学生先尽量回忆课堂上所学的内容，回忆后再去看书。这样，记住了的知识会被再次强化，想不起来的知识，会成为看书的重点。②重视阶段复习习惯的养成。阶段复习可以解决各部分知识之间的联系，对所学的知识形成系统化，从整体、全局或联系中去掌握具体的历史事件、概念、原理，以及它们之间的内在联系等，有利于对知识进行综合运用。③注重比较复习习惯的养成。比较容易混淆、难以理解的知识点，以便从深层次上理解弄懂。

(2)培养学生收集信息的习惯。①培养学生课前收集信息的习惯。老师课前有目的地布置学生收集相应信息的范围，提供相关的书籍、网站等；②提高学生多途径获得信息的能力；③经常开展社会实践活动，让学生在活动中大量地收集资料，处理资料。

(3)重视良好的考试习惯。书写规范(基础)；认真审题(关键)；仔细复查(保证)。

教给学生学习方法的策略主要有：

(1)发掘自己学习的经验，强调和运用熟悉的学习策略。

(2)熟悉教材中关于学习策略的内容，丰富对学习策略内容的了解与比较系统的把握。

(3)在起始课等环节给学生讲解学科学习策略、学习要求等。

(4)在各单元教学中，有意识地梳理单元的学习方法，或引导学生总结学习方法。

(5)结合复习环节、作业讲评等，在复习旧知识过程中强调学习方法上的注意事项，纠正学生学习策略上的问题。

(6)在个别辅导环节，注意引导学生改进其学习方法。

标　准	结果指标
14. 开展多元的学习评价	14.1　具有引导学生参与评价的意识。 14.2　关注学生的学习效果。

14.1　具有引导学生参与评价的意识。

【操作要点】

(1)引导学生了解评价要点和评价方法，例如比较性评价、补充性评价、建议性评价、争议性评价及赞赏性评价等。

(2)引导学生掌握评价的语式表达方法，例如“看法＋原因”的评价语式表达方法。

(3)引导学生学会倾听，尊重发言的同学。

(4)引导学生边参与评价边做观察记录，记录老师及其他同学的表现和发言要点。

(5)引导学生对伙伴和老师的表现、观点、方法进行认真思考、大胆提出评价和质疑。

(6)引导学生在参与评价过程中不断地进行反思，修正自己的意见，学会反思。

14.2　关注学生的学习效果。

【操作要点】

(1)引导学生认识自己学习不适应的原因，指导学生制订学习计划，明确学习目标。

(2)关注学生学习目标的达成状态，指导学生进行学习评价。

(3)采用多种途径收集信息评价学生学习效果。

(4)能够利用评估结果指导教学。

(5)能够与学生、家长及有关人员交流学生进步情况。

关注学生的学习效果。学生的学习效果可以通过以下方式获得。观察、询问、学生展示、题目测试等。其中学生展示活动很能反映学生对相关知识和基本技能的掌握程度。

标　准	结果指标
15. 促进有效的课堂管理	15.1　能够维持正常的课堂教学秩序，完成教学任务。 15.2　合理调控课堂的时间与节奏。 15.3　合理调控教学内容的走向。

15.1　能够维持正常的课堂教学秩序，完成教学任务。

【操作要点】

(1)在课堂开始、结束及教学过程转换各环节，使用明确的提示语，对学生的行为进行引导，以维持课堂秩序。

(2)对学生中不合乎课堂纪律和要求的行为，通过口头提醒或者其他巧妙的方式加以制止。

(3)注意运用不同的教学方法和教学形式开展教学。

15.2　合理调控课堂的时间与节奏。

【操作要点】

(1)备课时对各教学环节要分配时间，以保障心中有数；每个教学环节不要过于紧张，当然也要紧凑；新授、讨论的时间要充裕一些。

(2)上课过程中要关注时间，及时做出调整。

(3)根据学生的年龄特点和注意力的情况，及时转换过程和节奏，防止注意力分散。

15.3　合理调控教学内容的走向。

【操作要点】

(1)备课时，对学生的各种可能回答和反应要有比较全面的估计，以便加以引导。

(2)对于教学的重点难点要讲解、讨论充分。

(3)对学生可能提出的理解上的问题应预先估计，合理引导；如果时间紧张，要选择与本课学习直接相关的问题加以解决。

标　准	结果指标
16. 渗透思想品德教育与生活技能教育	16.1　能够在所任社会科的教学中渗透思想品德教育。 16.2　具有培养学生生活技能的意识，了解生活技能教育的知识和方法。

16.1　能够在所任社会科的教学中渗透思想品德教育。

【操作要点】

思想品德教育是将一定社会的思想道德转化为受教育者个体的思想道德。学生良好思想品德的培养是学校德育的重要目标，学校德育是中小学生形成良好思想品德的重要途径。社会科教师更应掌握思想品德教育的基本方法，结合社会科所任学科内容对学生进行教育。

16.2　具有培养学生生活技能的意识，了解生活技能教育的知识和方法。

【操作要点】

(1)生活技能教育的含义。生活技能教育是在考虑文化和发展的前提下，以技能教育为基础，恰当地锻炼强化青少年的心理社会能力，促进发展，保护人权，预防健康和社会问题的教育。它以技能教育为基础，属于健康教育的范畴，是素质教育的一部分，目标是预防青少年的问题行为。

(2)生活技能教育的兴起。生活技能教育兴起于20世纪80年代初期的美国。美国学者伯特温(Gilbert J. Botvin)提出用“生活技能训练”的方法预防青少年吸烟问题，取得实效。在以后的十多年中，生活技能教育在美国、加拿大、英国、澳大利亚等三十多个国家迅速开展起来。1993年，世界卫生组织出版的《学校生活技能教育》，使其在世界上得到进一步推广。目前，生活技能教育的理念和方法已被英国、加拿大、澳大利亚等许多国家接受，逐步系统化和规范化，被认为是促进青少年健康最有效的途径之一。

(3)生活技能教育的主要内容。生活技能教育主要包括：改进生活技能与健康、了解自己、培养责任感、情绪调节、沟通与交流、理解他人、解决问题、缓解紧张和压力、发挥创造力、选择与决定、行为上异常(吸烟、饮酒)的危害、远离毒品、保护自己、走向健康。通过上述内容的教育，培养青少年的10种能力，即自我认识能力、同理能力、有效的交流能力、人际关系能力、调节情绪能力、缓解压力能力、决策能力、解决问题能力、创造性思维能力、批判性思维能力，促进青少年将其知识和态度/价值转化为行动。

(4)学习借鉴生活技能教育。生活技能教育对中小学德育具有重要的借鉴意义。《义务教育品德与生活课程标准(2011 年版)》在“课程目标”中明确提出了“掌握自身生活必需的基本知识和基本技能”的要求；《义务教育思想品德课程标准(2011 年版)》也提出了“帮助学生通过积极健康的生活，做负责任的公民”的课程基本理念。

教师在教授学科课程的过程中，应以开放的心态，扩大教育视野，注意把生活技能教育与思想品德教育结合起来，主动培养学生的生活技能和社会责任感，帮助学生建立健康的生活方式，提高社会心理能力，积极适应社会，健康成长。

标　准	结果指标
17. 实施积极的安全教育与健康教育	17.1　能对学生进行必要的健康教育。 17.2　具有关注学生心理健康的意识。 17.3　能对学生进行必要的安全教育。 17.4　对学生的人身安全负有责任感，能够采取合理的措施应对突发事件。

17.1　能对学生进行必要的健康教育。

【操作要点】

《中小学健康教育指导纲要》指出，健康教育是以促进健康为核心的教育。通过有计划地开展学校健康教育，培养学生的健康意识与公共卫生意识，掌握必要的健康知识和技能，促进学生自觉地采纳和保持有益于健康的行为和生活方式，减少或消除影响健康的危险因素，为一生的健康奠定坚实的基础。

中小学生健康教育的内容主要包括三个方面：生理健康教育、心理健康教育和社会适应健康教育。生理健康教育应从以下两个方面着手：(1)结合生物教材，把生理健康教育融入课堂；(2)走出课堂，进行生理健康咨询和宣传。心理健康教育的内容主要包括青春期心理健康及青春期心理卫生、个性与个性修养等。社会适应健康教育，首先，要搞好德育工作。把思想政治、劳动观念、纪律、集体主义和爱国主义教育寓于课堂教学之中。其次，不可放松文化科学知识学习和能力的培养，使学生形成正确的世界观、人生观及高尚的审美观，提高学生的社会适应性。

17.2　具有关注学生心理健康的意识。

【操作要点】

心理健康教育的主要内容包括：普及心理健康基本知识，树立心理健康意识，了解简单的心理调节方法，认识心理异常现象，以及初步掌握心理保健常识，其重点是学会学习、人际交往、升学择业以及生活和社会适应等方面的常识。作为学科教师，在课堂教学过程中，应该结合学科内容有意识地进行渗透。

17.3　能对学生进行必要的安全教育。

【操作要点】

中小学生意外伤害事故时有发生。通过安全教育和预防，提高学生的自我保护能力，可以避免80%以上的意外伤害事故。为了保障学生安全和健康成长，教师有责任对学生进行必要的安全教育，特别是有关社会实践的安全问题，应该得到足够的重视。

17.4　对学生的人身安全负有责任感，能够采取合理的措施积极应对。

【操作要点】

《中华人民共和国未成年人保护法》规定：“学校、幼儿园、托儿所和公共场所发生突发事件时，应当优先救护未成年人”。学校、幼儿园、托儿所应当建立安全制度，加强对未成年人的安全教育。教师应当根据实际情况积极应对各种灾害、传染性疾病、食物中毒、意外伤害等突发事件，采取有利措施尽可能地避免或者减少对学生的伤害，保证学生的安全。

领域四 教育教学研究与专业发展

标 准	结果指标
18. 教育教学反思与行动研究	18.1 经常有意识地反思自己的教学，形成教学反思习惯。 18.2 具有问题意识，能够梳理工作中遇到的问题，并尝试进行解决。 18.3 学习课题确立与实施的基本方法。

18.1 经常有意识地反思自己的教学，形成教学反思习惯。

【操作要点】

(1)经常有意识地对自己的课堂教学实践进行回顾、审视和反思，总结经验与教训，汲取他人的教学经验，不断改进自己的教学，逐步形成教学反思的习惯。

(2)练习撰写教学日记、教学叙事和教学案例分析，做好说课评课，提高自己教学反思的质量。

(3)在教学反思中，注意把自己“学会教学”的过程与教学生“学会学习”的过程统一起来，努力提升自己教学实践的合理性，为实现新手到熟练的过渡打下基础。

18.2 具有问题意识，能够梳理工作中遇到的问题，并尝试进行解决。

【操作要点】

(1)通过课堂观察、课下与学生交流、家长反映和学习效果检测等渠道，了解自己工作中存在的问题。

(2)不放过问题，与同事或有经验的教师讨论，分析问题，逐步形成教学行动研究专题。

(3)从“问题意识”入手，把“问题意识”适时地转化为“课题意识”，通过“计划—行动—观察—反思”循环过程，把解决问题的过程变成教学行动研究过程，促进自己的专业化发展。

18.3 学习课题确立与实施的基本方法。

【操作要点】

(1)确立课题即确立问题，即确立在教育教学活动中要认识和解决的问题。

(2)确立的课题不仅有明确的名称，还应明确研究对象、研究范围、研究内容和方法，研究的目的和意义等内容。

(3)课题实施的基本方法包括历史研究方法(文献法)、比较研究方法(同类、异类比较，纵向、横向比较)、实验研究方法(真实验、准实验等)、实证研究方法(具体包括观察、问卷、访谈、测量等方法)、定量研究和定性研究方法。

标　准	结果指标
19. 团结协作与经验分享	19.1　具有团队合作意识。 19.2　积极参加研修活动，虚心求教。

19.1 具有团队合作意识。

【操作要点】

(1)在参加学校的各种活动中，体验本学校的特色与学校文化，了解团队行为准则。

(2)认同团队行为准则或委婉地提出建设性意见。

(3)在团队活动中扮演一定的角色，贡献自己的智慧和精力。

19.2 积极参加研修活动，虚心求教。

【操作要点】

(1)培养自己对进修活动的兴趣，每周提前安排工作计划，在计划中包括进修学习的时间。

(2)每次进修活动后，及时思考自己的启发与收获，并不间断地积累学习收获，在适当情况下与同事分享。其中，“及时”“不间断”和“积累”是最重要的。

标　准	结果指标
20. 终身学习与持续发展	20.1　养成读书和独立思考的习惯。 20.2　具有探索和研究的意识，积极吸收新理念、新方法。 20.3　制定近期专业发展规划，具有优化和提升自我专业素养的意识，按要求参加学习和进修。

20.1　养成读书和独立思考的习惯。

【操作要点】

(1)认同阅读是在职教师学习的主要方式，在工作计划中列入一定的阅读时间。

(2)围绕社会科所任课程和社会科相关学科领域，有目的性地进行系统读书学习，养成读书、读专业书的习惯，写好读书笔记。

(3)结合在实际工作中发现的问题，有针对性地进行读书学习，并注意及时总结和积累。

(4)结合课改中出现的误区和偏向，批判性地进行读书学习，提出自己的见解，培养独立思考的习惯。

【举例说明】

观察与思考当前出现的认识误区：把自主学习，理解为学生自己学习；把创新思维理解为发散思维；把实践能力简化为动手能力或实验能力；把合作学习狭义地理解为小组自由议论；把综合课程和综合考试理解为拼盘等。结合这些误区，写出读书笔记或博客，与同事或网友交流。

20.2　具有探索和研究的意识，积极吸收新理念、新方法。

【操作要点】

(1)了解当前课改的动态、关注教育与社会科所任学科教学领域热点问题和前沿问题，并注意收集和积累相关资料，积极吸收新理念、新方法。

(2)学习教学资料检索方法，对检索到的资料进行文献综述和评价分析，提出需要探索和研究的问题，并为掌握文献调查法打下基础。

(3)及时了解同行提出的新观点，经过独立思考与判断，去粗取精、去伪存真，由表及里，由此及彼，在教学中吸收与借鉴。

20.3 制定近期专业发展规划，具有优化和提升自我专业素养的意识，按要求参加学习和进修。

【操作要点】

(1)制定三年以内的专业发展规划，以熟练教师的标准分析本人的劣势和最近着力点，明确今后三年在职业道德，专业水平，教科研成果，任务驱动责任和辐射作用等方面的发展目标，并制定进行自我检测和评价的方式方法。

(2)结合课程改革或本地区基础教育发展趋势，思考对教师提出的专业素养新要求，增强优化和提升自我专业素养的意识。

(3)依据本校或本区域基础教育发展需求，带着明确的问题，按要求参加学习和进修，并应用于校本研修之中。

二、从熟练到成熟

维度一　专业基础

领域一　健全人格与职业道德

标　准	结果指标
1. 爱岗敬业，履职尽责	1.1　热爱教育事业。 1.2　自觉遵守教育法律法规和方针政策。 1.3　认真履行教师职责。 1.4　具有责任感。

1.1　热爱教育事业。

【内容要点】

热爱从事教育事业体现在两个方面：一是对生命的大爱，不是站在具体某一个孩子的角度上表达喜爱，而是一种伦理的情怀；二是在职业中不断获得价值感和成就感，将职业开始升华成事业。

1.2　自觉遵守教育法律法规和方针政策。

【内容要点】

走向成熟阶段的教师能够将法律法规从外在的规范和强制性要求逐渐内化为自己行为的价值和准则，从他律开始转向自律。

1.3　认真履行教师职责。

【内容要点】

按照《中华人民共和国教师法》的界定，教师的身份为“履行教育教学职责的专业人员”。其总的职责应该归结为教书育人，具体内容有六条。此阶段的教师应该有更深入的理解、体验，并更好地履职。

1.4　具有责任感。

【内容要点】

形成了对于教师责任的一种自动化的感情，具备了内驱力系统，从外化到内化，从有意识地遵守责任要求到无意识地履行责任。

标　准	结果指标
2. 关爱学生，教书育人	2.1　关心和热爱每一位学生，做学生的良师益友。 2.2　平等公正地对待每一位学生，尊重学生人格。 2.3　引导学生树立正确的人生观和价值观。 2.4　具有促进学生全面可持续和个性化发展的行动。

2.1　关心和热爱每一位学生，做学生的良师益友。

【内容要点】

(1)关心学生的思想和生活，利用课余时间接触，了解学生的所需所想。

(2)关心学生的学习，发现学生的优点，重视学生学习中的困难，想办法让每个学生都能在原来的基础上提高，并得到他人的认同，以增强其自信心。

(3)学会同理。站在学生的角度去观察问题、分析问题、解决问题，了解学生眼中的世界。

(4)学会倾听。以耐心的态度，关注的神情，积极倾听，给予学生完整表达的机会，并同时给予温馨的回应。

(5)热爱并关注每一位学生，尤其关注学习成绩不佳，学习行为习惯较差的学生，想方设法改变其现状。力争走进每一位学生的内心世界，平等宽容地对待每一位学生，真正成为他们的良师益友。

2.2　平等公正地对待每一位学生，尊重学生人格。

【内容要点】

(1)包容学生的个性差异。

(2)接受学生的失误和失败。

(3)尊重学生的兴趣和选择。

(4)避免对学生使用负面的评价语言。

2.3　引导学生树立正确的人生观和价值观。

【内容要点】

(1)善于做价值的引导者。不仅践行教师教书育人的神圣职责，同时通过自己高尚的人格境界把乐观、进取、责任、敬业的意识传递给与他接触的每一个学生。通过自己的言行教育影响帮助学生树立正确的人生观和价值观。

(2)在师生交往和教育活动中，引导学生树立正确的人生理想。通过“价值澄清”等有效的教育模式帮助学生确立正确的价值信仰。结合现实社会生活，通过正反面范例的解读，帮助学生区分正确与错误的人生理想。

2.4 具有促进学生全面可持续和个性化发展的行动。

【内容要点】

(1)在教学过程中要以新课改理念为指导，秉持促进学生全面可持续和个性化发展的宗旨，使得教学工作为了一切学生，为了学生的一切。

(2)创设优良的育人环境，尊重学生个体差异，遵循教育教学客观规律，调动学生的创新实践积极性，注重学生的文化知识学习与思想品德修养的统一、理论学习与社会实践的统一、全面发展与个性发展的统一。

标 准	结果指标
3. 为人师表，严谨治学	3.1 遵纪守法，作风正派，公正廉洁，以身作则。 3.2 树立优良学风，刻苦钻研业务，不断学习新知识，改进教育教学方法，提高教育教学水平。

3.1 遵纪守法，作风正派，公正廉洁，以身作则。

【内容要点】

这一阶段的教师对于法律法规循守，不再刻意而为，而是能自觉自如地进行自我调控，并在内心深处形成自我约束、自我评估的一系列标准。即已形成了个人的道德理想，有了明确的做人原则。

3.2 树立优良学风，刻苦钻研业务，不断学习新知识，改进教育教学方法，提高教育教学水平。

【内容要点】

(1)钻研业务不再出于完成工作任务的需要或被动应对工作中问题的解决，而在于自身发展的需要，对于教育教学工作，不再停留于仅以权威专家的理论为据，也不再停留于仅按有关要求行事，而力求做得更好，不满足于工作现状的维持与稳定中的有所发展。

(2)在工作中，一方面注重工作质量的提升和劳动成果品质的保证，积极主动地探寻新路径、新方法，不断主动学习、探索改进工作；另一方面，已具备问题研究与预防意识，能在解决问题中不断反思总结，不断探索。

标　准	结果指标
4. 热爱生活，身心健康	4.1　积极锻炼身体，增进身体健康，合理分配精力，保持充沛的活力。 4.2　积极乐观、善良宽容，具有爱心、同情心和正义感。 4.3　能够正确对待困难和挫折，善于自我调节。 4.4　具有良好的生活情趣，至少具有一种有益身心健康的兴趣爱好。

4.1　积极锻炼身体，增进身体健康，合理分配精力，保持充沛的活力。

【内容要点】

(1)深刻认识健康对人的生活和工作的意义，理解锻炼对健康的价值。

(2)养成科学饮食、定期体检和定时锻炼的习惯。

(3)保持合理的体重和充足的体力，能够合理分配精力。

4.2　积极乐观，善良宽容，具有爱心、同情心和正义感。

【内容要点】

(1)积极乐观。能够正确理解个人与他人、个人与集体、个人与社会以及个人与工作和生活的关系，常怀自律之心、感恩之心、奉献之心和平常之心；对未来充满希望，对自己充满信心，对他人充满同情与感恩，对组织与事业比较忠诚。具有善良之心，宽容之度，自主意识较强，具有较强的职业认同感。

(2)爱心。对弱小者充满同情，并能够善待弱小者。以学生为例，爱心体现在尊重学生的人格，相信学生的发展潜力和成长的力量，平等地对待每一位学生，理解与宽容学生，关心与关爱学生；使学生能够在理智与情感交融的氛围中享受爱的滋养，实现快乐成长。

(3)同情心。对弱小者能够较为敏锐地觉察与理解，并能够产生情感共鸣；及时给予弱小者帮助。同情和帮助弱小者，给学生示范同情心；关爱和帮助成长中的学生，让学生体验同情心；引导学生爱护与帮助，使学生固化同情心。

(4)正义感。具有追求正义、伸张正义的道德意识和道德情感；处事合情合理，为人正直正义；自觉尊重和严格遵守制度、规则和程序；尊重他人的基本权利；对不公平的事情敢于直言，主持正义；对非正义的行为能够谴责。

4.3　能够正确对待困难和挫折，善于自我调节。

【内容要点】

(1)能够理解困难与挫折乃是人生之常事，而且能够深刻认识其价值：克服困难、经历挫折可以培养人的意志、勇气，锻炼人的能力。

(2)对待困难，能够沉着冷静，寻找困难存在的主客观原因，厘清解决困难的思路，正确选择解决问题的方法。

(3)面对挫折，不慌不怒，不怨天尤人；具有坚定的信心，勇往直前的勇气，朝着既定的目标，加倍努力，锲而不舍地达到目的；同时，具有良好的宣泄方法，以摆脱工作和生活压力。

4.4　具有良好的生活情趣，至少具有一种有益身心健康的兴趣爱好。

【内容要点】

(1)正确认识生活情趣的含义，辨别低俗与高雅生活情趣；正确理解良好的生活情趣对身心调节和对工作促进的价值。

(2)至少养成一种有益身心健康的兴趣爱好，或者是打球、游泳、跑步、下棋、登山、跳舞等体育运动活动；或者是唱歌、弹(拉)琴、绘画、吟诗等艺术活动；抑或是养花、喂鸟、钓鱼、摄影、旅游、会友、烹调生活类项目。

领域二　学科与教育教学专业知识

标　准	结 果 指 标
5. 关于学科的知识	5.1　掌握所任社会科课程标准中明确规定的学科知识；把握所任社会科课程的学科知识与技能体系；能够描述所任社会科课程的学科知识层级结构。 5.2　了解所任社会科课程与其他学科以及生活实践、社会发展之间的联系，并能有意识地在教学中渗透。

5.1　掌握所任社会科课程标准中明确规定的学科知识；把握所任社会科课程的学科知识与技能体系；能够描述所任社会科课程的学科知识层级结构。

【内容要点】

本阶段的教师要求在“掌握所任社会科课程标准中明确规定的学科知识；了解所任社会科课程的学科知识与技能体系”的基础上，重点要求能够描述“学科知识层级结构”。

知识结构是指一个人经过专门学习培训后所拥有的知识体系的构成情况与结合方式。合理的学科知识结构具有“上、下位关系”，呈金字塔形层级结构，从下到上包括基本事实、统摄性较低的概念，学科视角、核心概念与方法，跨学科主题以及哲学思考四个层级。不同层级的知识在学生的智力发展中发挥着不同的作用，具有不同的教育价值。核心概念具有比基本事实、统摄性较低的概念更高的概括性，“趋向于核心概念的进展过程”，也是学生形成学科视角、核心概念和方法的过程，更有助于学生理解新知识，把新信息同化到已有的知识结构中，形成知识增长的机制；跨学科主题应用最广泛，统摄性最强，能够揭示学科之间的本质和联系，不仅有助于学生站在现实的角度理解学科核心概念和方法，更重要的是它可以使学生学会从哲学的角度观察和分析问题，从而形成世界观和方法论。教师的知识层级结构有助于实现学科的教育目标：不是去获得一堆由事实和理论堆砌的知识，而应是实现一个趋向于核心概念的进展过程，这样做有助于学生理解与他们生活相关的事件和现象①。

小学品德与生活学科知识的层级结构

品德与生活学科知识的层级结构大致分为四个层级，各层级之间具有“上、下位关系”，从下到上形成了“基本事实、统摄性较低的概念—核心概念与方法、学科视角—跨学科主题—哲学思考”的学科知识的层级结构，从下到上的具体层级如下：

基本事实、统摄性较低的概念：儿童的学校生活、儿童的品德，如诚实、自信、爱心、责任等。

核心概念与方法、学科视角：道德存在于儿童的生活中，儿童品德的形成源于儿童对生活的体验、认识、感悟与行动。

跨学科主题：人与社会、人与自然。

哲学思考：价值观、人生观。

小学品德与社会学科知识的层级结构

在品德与社会课程知识体系中，包含着具有上下位逻辑关系的知识的层级结构。人与环境、个人与群体、社会生活与规则、生活与消费、历史与文化、和平与发展及社会与科学技术等是统摄品德与社会课程的跨学科主题，主题可以分解为学科视角、核心概念与方法，核心概念下又包括跨学科概念或学科概念。概念又可以涵盖社会现象和社会事实，就形成了“社会事实与现象—基本概念—核心概念—跨学科主题”这样一个知识的层级结构。

【举例说明1】 **品德与社会“形态各异的民族住所”知识的层级结构**

在品德与社会的“人与环境”跨学科主题中，可以分解出“环境深刻地影响人们的生活”的核心概念。之下可以认识“环境、气候、地形、资源”等概念。不同的住所、饮食、服饰、节日习俗等基本事实都可以被涵盖在以上概念之中。这样的层级结构可以使学生在从“人与环境”的角度来认识社会现象和社会事物时，能够透过现象看本质，从中理解文化的多样性和差异性，萌发对不同民族和不同文化持尊重和欣赏的态度，获得超越事实的深层次理解和可迁移的教育价值。

---

① [美]温·哈伦：《科学教育的原则和大概念》，第2页，韦钰译，北京，人民教育出版社。

“形态各异的民族住所”知识层级结构示意图如下：

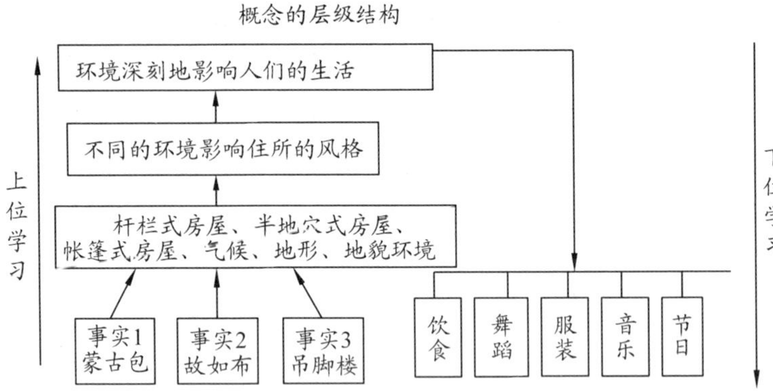

初中思想品德学科知识的层级结构

通过分析思想品德课程标准关于“成长中的我、我与他人和集体、我与国家和社会”的内容标准，可以勾画出思想品德学科知识的层级结构，从下到上的层级关系可描述为“基本事实、统摄性较低的概念—核心概念与方法、学科视角—跨学科主题—哲学思考”，具体表现为：

基本事实、统摄性较低的概念：道德、心理健康、法律、国情等领域的事实性知识及其社会现象；自尊、关爱、责任等。

核心概念与方法、学科视角：学生的思想品德是在对生活的认识、体验和实践过程中逐步形成的；自尊与他尊的统一、权利与义务的统一、参与社会与担当责任。

跨学科主题：个体发展与自我认同，地域与环境，社会规则与生活等。

哲学思考：人生观、价值观、道德观。

高中思想政治学科知识的层级结构

高中思想政治学科知识的层级结构，可概括为“基本事实、统摄性较低的概念—核心概念与方法—跨学科主题—哲学思考”四个层级结构，各层级之间具有上、下位关系。从下到上的层级具体描述如下：

基本事实、统摄性较低的概念：经济、政治、文化、社会生活等领域的事实性知识以及社会现象。

核心概念与方法、学科视角：学生在参与现代社会生活的过程中，领悟辩证唯物主义和历史唯物主义的基本观点和方法，逐步树立建设中国特色社会主义的共同理想，初步形成正确的世界观、人生观、价值观。

跨学科主题：个体、群体与机构，权力、权威与管理，生产、分配与消费，全球关联、公民理想与实践等。

哲学思考：唯物史观、世界观。

中学历史学科知识的层级结构

通过分析初高中历史课程的内容标准和搭建中学历史学科知识体系，发现历史事件、历史人物等历史史实，历史现象、古今中外断代史等历史线索，政治文明，经济发展、思想文化等文明成果构成历史学科较低的概念、基本事实；在此基础上归纳、推理出时空、演进、需求、关系等表示基本事实之间关系的历史核心概念；文化，时间、连续与变化，个体、群体与公共机构，权力、权威与管理，科学、技术与社会，全球关联，公民理想与实践等跨学科主题①是产生上述历史核心概念的基础；而上述一切思考的基础均为唯物史观这一哲学观点。

基于中学历史知识体系的层级结构如下图 3-4 所示：

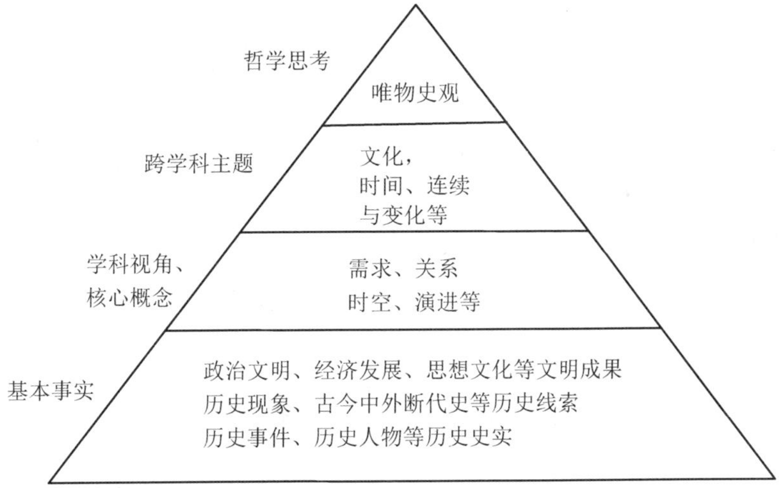

图 3-4　中学历史学科知识的层级结构示意图

【举例说明 2】 ***初中历史"近代化"知识的层级结构***

在初中历史"中国的近代化"的主题教学中，要使学生形成"中国的近代

① 美国国家社会科协会研制：《美国国家社会科课程标准：卓越的期望》，第 15～21 页，高峡等译，北京，教育科学出版社，2008。

化”这一概念，教师需要让学生理解：这是中国传统农业社会向现代工业社会的转变过程，其核心是经济领域的工业化、商品化，政治上的民主化、法制化，思想上的理性化、科学化。洋务运动（求富求强）、戊戌变法（改良）和辛亥革命（革命）、新文化运动（民主、科学；马克思主义传播）分别是器物层面、制度层面和思想层面的近代化，但在当时特定的历史背景下，中国未能走上近代化的道路。在教师引领学生梳理了中国的近代化的知识和思想方法后，可以让学生自己去寻找：在世界历史范围内，“近代化”（“现代化”）的轨迹，进而引导学生分析产生现代化的原因，引出跨学科主题，如图所示：

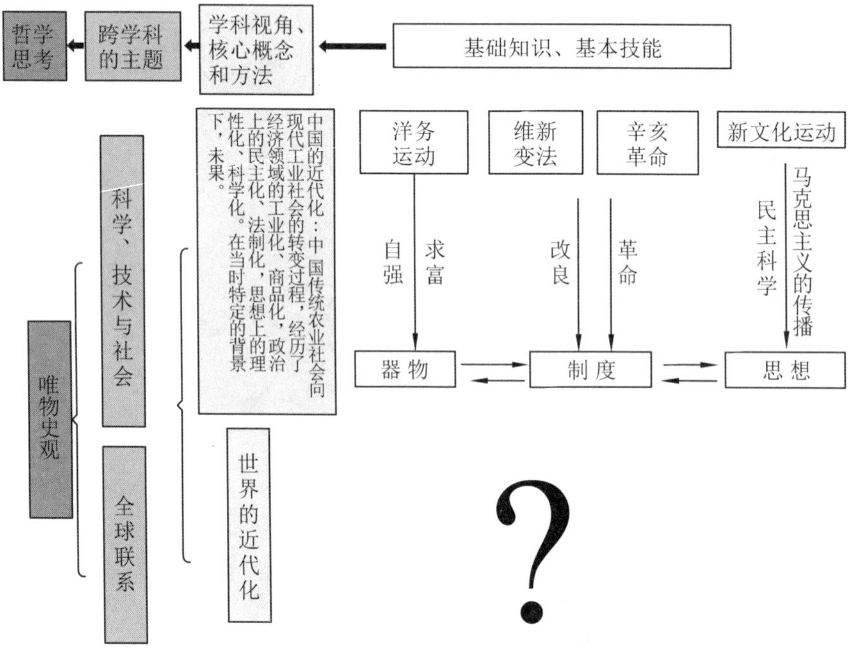

这样的学习学生不仅学习和掌握了洋务运动、维新变法、辛亥革命、新文化运动等历史事实，而且还聚焦现代化并理解该历史核心概念的内涵，站在跨学科主题的角度理解产生中国近代化的原因，从中不仅学会了唯物史观这一基本观点和方法，而且深切认识到在全球联系的大趋势下，世界意识的必要性和重要性。这样的学习，也是融知识、方法、态度于一体，高效地实现课程目标的过程，能为学生将来的终身学习打下坚实的基础。

中学地理学科知识的层级结构

中学地理学科知识的层级结构见图 3-5 所示。

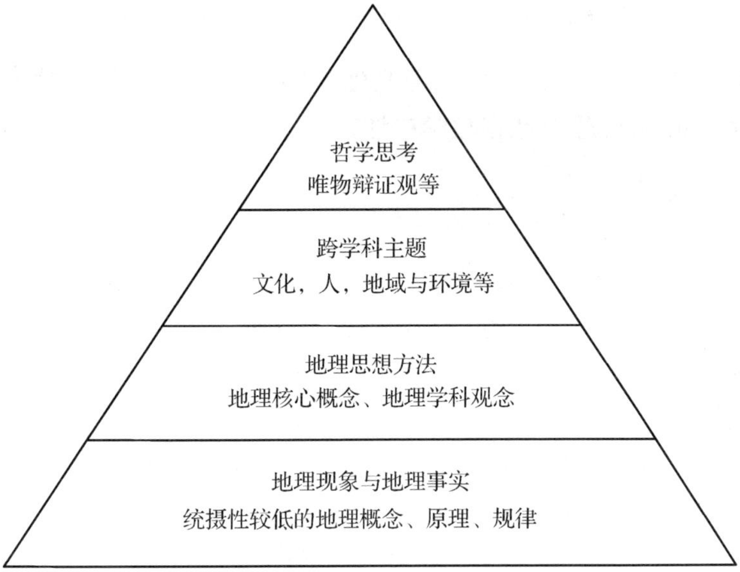

图 3-5　中学地理学科知识的层级结构示意图

【举例说明 3】　**高中地理“资源的跨区域调配——以西气东输为例”知识的层级结构**

以高中地理必修三“资源的跨区域调配——以西气东输为例”一课为例来描述地理知识的层级结构。西气东输的出现是能源资源分布的区域不均衡导致的资源跨区域调配，体现的地理核心概念是区域及空间的相互作用。

◆基本地理事实：西气东输的特点，输出区与输入区的区域资源特征、经济特征，实施西气东输的原因，西气东输对输出区和输入区发展的影响。

◆统摄性较低的地理概念及规律：区域差异引起资源跨区域调配；区域关联使得输出区和输入区之间相互联系；区域演变反映出输出区和输入区的发展过程。

◆地理核心概念、地理学科视角与方法：区域；空间相互作用；区域环境特征是人类活动的基础；人类活动对区域地理环境产生影响；区域环境差异是区际联系的基础，区际联系的目标是区域协调可持续发展。

◆跨学科主题：系统与相互作用。

◆哲学思考：人类活动与地理环境是对立统一的；区域间的相互作用是系统间的相互作用，具有整体性、关联性，等级结构性、动态平衡性、时序性等是所有系统的共同的基本特征。

5.2 了解所任社会科课程与其他学科以及生活实践、社会发展之间的联系，并能有意识地在教学中渗透。

【内容要点】

对于社会科教师，应了解的所任社会科课程与其他学科以及生活实践、社会发展之间的联系分述如下。

小学品德与生活教师

能够遵循品德与生活以儿童生活为基础，尊重儿童的权利的课程基本理念，将其相关内容与小学科学、综合实践活动以及学生生活实践、社会发展之间联系起来，丰富小学生的生活经验，培养儿童的良好品德与行为习惯，为儿童学会做人打下基础。

小学品德与社会教师

能够遵循品德与社会“以儿童的生活为基础”的课程理念，将其相关内容与学生生活实践、社会发展之间联系起来，丰富学生的生活经验。

初中思想品德教师

了解思想品德学科与历史、地理、语文、英语、音乐、美术、科学、通用技术以及生活实践、社会发展之间的联系，并能将这种联系恰当地运用于教学中，促进初中学生道德品质、健康心理、法律意识和公民意识的进一步发展，锻炼学生的社会实践能力。

中学历史教师

了解历史学科与其他学科(数学、物理、化学、生物、历史、政治、音乐、美术、科学技术等)以及生活实践、社会发展之间的联系：能够适时地选择综合性、跨学科的主题(如文化、人与环境、科技与社会、全球化、公民理想与实践等)供学生学习和探讨；能够引导学生从日常生活中的问题出发(如中国为什么对重大项目实行举国体制？它是怎样发展而来的?)；以问题解决的方式学习历史知识，增强学科知识的实践应用价值。

中学地理教师

了解地理学科与数学、物理、化学、生物、历史、政治、音乐、美术、科学技术等其他学科之间的联系，能够适时地选择综合性、跨学科的主题(如文化、人与环境、科技与社会、全球化等)供学生学习和探讨；能够引导学生从日常生活中的问题和现象出发，增强学科知识的实践应用价值；能够联系社会发展中的重大事件，并从地理学科的视角和方法认识和分析社会发展。

高中思想政治课教师

了解思想政治学科与其他学科(数学、物理、化学、生物、历史、政治、音乐、美术、科学技术)以及生活实践、社会政治经济发展之间的联系，并能有意识地在教学中渗透。

标　准	结果指标
6. 关于学生的知识	6.1　熟悉发展心理学、教育心理学以及其他相关学科关于学生的知识，并能恰当地应用于所任社会科课程教学和学生管理中。 6.2　掌握学生身心发展的特点和学习规律。 6.3　了解学习策略、技巧以及学习习惯指导的相关知识和方法。

6.1　熟悉发展心理学、教育心理学以及其他相关学科关于学生的知识，并能恰当地应用于所任社会科课程教学和学生管理中。

【内容要点】

(1)熟悉发展心理学、教育心理学的相关理论，并能在品德与生活、品德与社会科各课程教学中恰当应用。

熟悉“认知发展理论”“心理社会发展理论”“行为主义理论”“最近发展区”等发展心理学的基本理论，并能从儿童心理发展的视角观察、分析和解决小学生成长中的问题；能根据小学生的心理发展特点，实施发展性教学。

熟悉“经典条件作用理论”“操作性条件作用理论”“认知一发现说”“认知一同化说”“观察学习理论”以及人本主义学习理论等主要学习理论；并能从学生学习角度设计教学目标、教学过程和教学评价，在教学过程中因材施教，充分激发小学生的学习动机；促进小学生的知识建构；引导小学生学会如何学习。

(2)熟悉发展心理学、教育心理学关于学生的知识，并能恰当应用于历史、地理、思想品德、思想政治等学科教学中。

能从中学生心理发展的视角观察、分析和解决中学生成长中的问题；能根据中学生的心理发展特点，初步实施发展性教学。

熟悉教学情境中“学与教”互动过程的特点；了解行为主义学习理论、认知派学习理论以及人本主义学习理论的基本观点及其局限性；掌握建构主义理论的知识观、学生观和学习观的基本观点等，并应用于教学和指导学生的学习；熟悉学生学习的实质、学习过程、类型和个体差异，熟悉学生知识的获得、技能形成以及态度与品德形成的心理过程，熟悉学习动机理论，激发学生的学习兴趣，促进知识的意义建构与学习迁移能力的生成；能引导中学生掌握学习策略，逐步学会自我调节学习，提高自主学习能力；注重培养中学生的创造性思维和问题解决能力。

6.2 掌握学生身心发展的特点和学习规律。

【内容要点】

中学阶段的社会科学习不同于小学阶段，小学阶段的社会科学习是以综合课程的形式呈现的；而中学阶段，学生学习分科的社会科课程。教师需要了解中学阶段的学生发展特点，并基于学生的发展特点进行学科的有效教学设计和实施。

进入中学阶段的男生和女生面临着青春期的生理剧变。这主要表现为三大变化：第一，身体外形改变了；第二，内脏机能健全了；第三，性成熟。处于青春发育期的青少年在形态、生理和心理都在发生急剧变化，特别是性成熟这一“突变”，往往给青少年带来不少暂时的困扰。我们应该顾及这个年龄段的生理变化和心理变化，切实有针对性地做好教育工作，帮助学生顺利度过生理上的特殊时期。

中学阶段的社会科教学不仅仅要传承知识，发展学生的抽象逻辑思维，更要着重对学生进行人文教育，帮助他们成为合格的公民。对于学生的评价，对于学生的成败归因的引导就格外重要了。

例如，一位历史老师在给学生的作业是这样批的：“你期中考试成绩不怎么理想，但你并没有灰心丧气，常见你抓紧时间埋头攻读的身影，这两周里你有了明显的进步：这两次方程式的小测验你全都答对了。今后要继续努力。”短短几句话，这位老师利用批改作业的机会对学生进行了鼓励。

再如，有一位初三的姜老师特别注重对学生每次考试成功、失败的归因引导。这位老师在每次月考后都要找考得特别好和考得不好的学生聊天。问问他们成功或失败的原因，帮助他们进行分析，并想办法把学生的成败归因引导到他们的努力程度上。

很多有智慧的老师利用课堂的即时评价、作业和日常跟学生交流的机会对学生的学习进行反馈，这些反馈有的记录着学生的点滴进步，有的蕴涵着学生对自己成败的再次审视，但共同的地方在于把学生当作成人，尊重学生；在于共同的目的——促进学生的发展：学科的，社会的。

6.3　了解学习策略、技巧以及学习习惯指导的相关知识和方法。

【内容要点】

了解社会科学习策略、技巧的内涵是培养学生形成正确学习习惯的前提。

因为中国社会科关于学习策略、技巧的研究还很薄弱，所以特别借鉴在美国被视为典范的《加利福尼亚州历史—社会科学课程标准》。

"社会科"是探究社会现象的课程①。《加利福尼亚州历史—社会科学课程标准》特别强调"技能达成和社会参与"，将其与"知识与文化理解""民主理解与公民价值"并列为三大课程目标之一。规定"技能达成与社会参与"目标包括基本的学习技能、批判性思维能力、参与技能三个方面。

基本的学习技能主要包括：通过倾听、观察、运用社区资源、阅读各种形式的文献以及原始的和第二手的资料以获取信息；检索、选择和组织各种文献资料诸如图书、杂志、政府档案、百科全书以及书目提要中的信息；通过运用计算机、缩微胶卷和其他电子媒体搜索和分析信息；阅读和解释地图、地球仪、模型、图表、图画和政治卡通片；理解运用在历史和社会科学研究中的专业术语；以文字和语言的形式清晰地组织和表达思想。

批判性思维技能主要包括：(1)确定和澄清问题。要求学生具有：识别中心议题或问题的能力；判定相关信息的能力；指出可靠信息与不可靠信息，或者主要信息与次要信息之间差别的能力；提出适当的问题以便更加深入和清晰地理解议题的能力。(2)判断与问题有关的信息。要求学生具

① 沈晓敏、何平：《论社会科课程的一体化——来自美国社会科的启示》，载《全球教育展望》，2008(3)。

有：区分事实、观点和有说服力的判断的能力；判定一组陈述与另一组陈述以及形成这种陈述的背景状况是否一致的能力；识别没有明确表述的假定的能力；认出旧框框、陈词滥调、偏见、宣传和语义上的歪曲的能力。(3)解答问题和得出结论。要求学生能够：在为一个结论的合理性进行辩护时，决定所提供的材料在数量和质量上是否充足的能力；对问题的解决方式作出合理的选择的能力；检测结论或假设的能力；预测一个事件、一系列事件或者一个政策建议可能出现的结果的能力。

参与技能主要包括：发展个人技能；发展群体交往技能；发展社会的、政治的参与技能。①

【举例说明】　　**发展学生的历史学科思维能力**

学生学习历史是一个“时空考察历史事物、多样呈现想象历史、处理信息理解历史、口头书面陈述历史、综合归纳线索规律、反思借鉴学以致用”的学习过程。

历史学科思维能力经由历史学科思维方法形成。在历史学习过程中，需要综合培养学生的历史思维方法(在具体的时空条件下考察历史事物；运用时序与地域、原因与结果、动机与后果、延续与变迁、联系与综合等概念，理解和判断历史事实；经过分析、综合、概括、比较等思维过程，形成历史概念，进而认识历史发展的时代特征和历史发展的基本趋势)、历史研究方法(探究历史问题——在了解历史事实的基础上，发现并提出问题，理解历史问题的价值和意义，体验探究历史问题的过程；分析和评价历史事物—搜集资料、构建证据和独立思考；探究历史的价值—反思历史，汲取历史的经验教训)和历史学习方法(基本技能：计算历史年代的方法、阅读教科书及有关历史读物的方法、识别和运用历史地图和图表的方法、查找和收集历史信息的途径和方法、运用材料具体分析历史问题的方法等；基本观点和方法：用历史唯物主义观点阐释人类历史发展进程和规律)。

---

① 陈新民：《美国加利福尼亚州历史一社会科学课程评介》，载《浙江教育学院学报》，2005(5)。

标　准	结果指标
7. 关于课程的知识	7.1　掌握社会科所任学科的课程性质、课程目标、课程内容、课程组织和课程评价等知识。 7.2　理解课程改革中提出的培养学生公民素养和人文素养的理念，并知道如何实践课改中倡导的价值与行为。

7.1　掌握社会科所任学科的课程性质、课程目标、课程内容、课程组织和课程评价等知识。

【内容要点】

本阶段的教师不仅要了解“社会科所任学科的课程性质、课程目标、课程内容、课程组织和课程评价”分别是什么，更要分别理解为什么是这些内容，并能在教学中有意识地运用。

7.2　理解课程改革中提出的培养学生公民素养和人文素养的理念，并知道如何实践课改中倡导的价值与行为。

【举例说明】 **保护我们的家园——一次性筷子的调查活动**

“保护我们的家园”是人教版思想品德九年级全一册第二单元的教育内容。①

(1)活动目的：明确节约资源和当前生活的关系。

(2)调查内容：一次性筷子的价值和主要材料(价值不到两分钱、主要材料是桦木和杨木)。

(3)问题提出：这些木材是很好的造纸原料，木筷子用完后扔掉造成了极大的资源浪费；目前我国的林业基地有60%已经处于资源枯竭的边缘。

(4)活动效果：学生认识到一次性筷子不仅仅是卫生问题，潜在还有经济问题、环保问题，乃至一个国家可持续发展的潜力问题；学生纷纷提出解决问题的办法，如采用可消毒重复使用的竹筷、塑料筷或金属筷，对使用一次性筷子收取特别消费税；学生在学校吃午餐时，自觉自备筷子，拒绝使用一次性筷子等。

① 王远美、赵聪：《品德新课程教学与教师成长》，第99页，北京，中国人民大学出版社，2010。

案例分析：初中学生思想品德的形成与发展，需要学生的独立思考和社会实践，国家和社会的要求只有通过学生的独立思考与实践才能为学生真正接受；社会规范也只有通过学生的亲身实践才能真正内化。本调查活动体现了思想品德课程倡导的“帮助学生过积极健康的生活，做负责任的公民”“坚持正确价值观念的引导与学生独立思考、积极实践相统一”的基本理念。学生通过参与调查活动，认识到一次性筷子和资源浪费的关系，并在生活中自觉拒绝使用一次性筷子，这对学生逐步形成可持续发展的价值观念，构建人与自然的和谐关系具有重要意义。本调查活动也有助于培养初中学生的实践能力。

标 准	结果指标
8. 关于教学的知识及学科教学知识	8.1 掌握所任社会科课程有关教学目标、教学原则、教学内容、教学过程、组织和管理及教学评价等方面的知识，并知道如何运用。 8.2 有意识地在所任社会科课程的教学中渗透学科统领性概念及呈现学科知识结构。

8.1 掌握所任社会科课程有关教学目标、教学原则、教学内容、教学过程、组织和管理及教学评价等方面的知识，并知道如何运用。

【内容要点】

明确阐述所任社会科课程的教学目标、教学原则、教学内容、教学过程、组织和管理及教学评价等方面的内容，体会与理解这些内容的内涵与价值，能在具体情境中运用这些知识。

8.2 有意识地在所任社会科课程的教学中渗透学科统领性概念及呈现学科知识结构。

【内容要点】

教师区别于科学家和教育研究者不在于他们掌握专业知识的质量和数量，而在于他们如何组织和使用知识上。有经验的教师的科学知识是从教学的角度组织起来的，并成为帮助学生理解具体概念的基础。有经验的教师会有意识在教学中渗透学科统领性概念及呈现学科知识结构。

【举例说明】

初中地理“聚落”一课教材中主要有三大内容：乡村和城市、聚落和环境、聚落的发展与保护。知识的联系应该梳理如下：

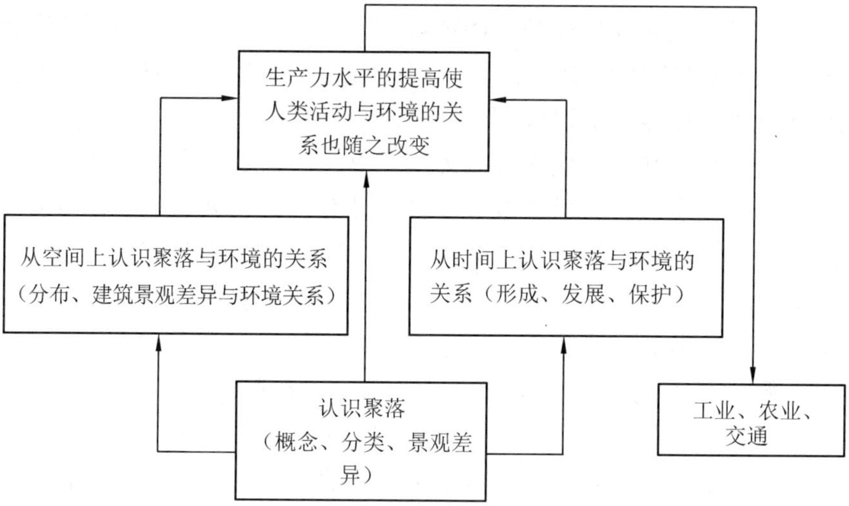

案例分析：就本节课的思维逻辑来说，应该是先建立起聚落的地理形象，再区分不同聚落的本质差异，建立在不同聚落本质差异的基础上分析不同聚落中留下的地理环境烙印，从而认识聚落与环境的密切关系以及聚落保护与聚落环境保护的关系及意义。最具统领性的知识是从空间和时间两个角度探讨人类居住活动与地理环境的关系，空间与时间的变化会引起人类居住活动与环境关系的变化。只有抓住教学中的核心内容和统领性知识，才不至于使教学陷于聚落的概念、聚落的分类、聚落的特征等具体知识点的学习上。

标　准	结果指标
9. 科学与人文素养	9.1　全面理解科学素养与人文素养的内涵。 9.2　热爱本土文化，积极了解异域文化。具有传承中华优秀文化的强烈的责任感，具有国际视野。 9.3　具有一定的信息素养，能够获取、处理和生成信息，发挥信息的效益，满足教学需要。

9.1　全面理解科学素养与人文素养的内涵。

【内容要点】

在不断丰富科学知识的基础上，更深刻地理解科学方法和科学精神，如科学的实证方法、证伪原则、怀疑精神、论证精神等。能够理性辩证地看待科学技术：科学的思维方式具有局限性，技术是一把双刃剑，避免陷入科学主义和技术至上的误区。

人文教育可以从四个层面加以理解：第一层面是人文学科的教育。包括语言教育、文学教育、历史教育、哲学教育、艺术教育、道德教育、思想教育、政治教育等内容。第二层面是文化教育，特别是民族文化的教育。包括文化基本传统、基本理念、基本精神等的教育和民族精神、民族传统的教育等内容。其目的是接受本民族共同认可的基本世界观、价值观和行为模式，促进个人同社会之间的相互认同。其内容不是纯粹的知识教育，而是思想观念教育和思维方式、生产方式、生活方式的教育。第三层面是人类意识教育。包括人类文明基本成果、人类共同的道德观和价值观、共同的行为规范教育等内容。其目的是让每一个人学会同他人和谐相处、同其他民族和谐相处、同自然环境和谐相处，使人们在满足自己的需要、平等权利、平等发展，增强相互合作，促进可持续发展。第四层面是精神修养的教育。包括精神境界、精神修养、理想人格、信仰信念教育等内容。

9.2　热爱本土文化，积极了解异域文化。具有传承中华优秀文化的强烈的责任感，具有国际视野。

【内容要点】

本阶段教师，对本土文化和异域文化的了解更为充分，如明确祖国文化各阶段的时代特征：古代文化，源远流长辉煌灿烂；近现代文化，转型时代剧烈演变。引导学生认识祖国的历史和文化是人类文明成果的有机组成部分，只有在世界文化范围中定位中国各阶段的文化，才更能取其精华，剔除糟粕，从而把中华优秀文化发扬光大。加深学生对“只有民族的才是世界的”观点的理解，培养学生的国际意识、开放心态和文明史观。

9.3 具有一定的信息素养，能够获取、处理和生成信息，发挥信息的效益，满足教学需要。

【内容要点】

(1)能熟练使用各种信息工具，特别是网络传播工具，获取、处理和生成信息。

(2)善于运用接受的信息探究、解决教学问题，让信息发挥最大的社会和经济效益。

维度二 专业实践

领域三 促进学生的学习与发展

标 准	结果指标
10. 创设良好的学习环境	10.1 建立和谐的师生关系，为学生创设有助于其独立思考的安全的学习环境和民主的学习氛围。

10.1 建立和谐的师生关系，为学生创设有助于其独立思考的安全学习环境和民主的学习氛围。

【操作要点】

(1)能够针对学生个性特点和社会科学习(包括课堂学习、学习探究、课外活动)需要更新学习环境布置。

(2)能够针对学生个性特征和学习需要选择和设计教具。

(3)能够关注到每个学生的个性特点、学习状况和需求，尊重和保护学生的好奇心和探索精神。

(4)能够采取有效措施鼓励不同学生之间互相帮助。

(5)能够尊重学生的个性和隐私。

(6)精心设计教学内容，诱导学生展开想象，启发学生的创造性思维。

(7)创造或提供必要的实践机会，培养学生的动手能力和创造能力。

(8)采用科学的评价方式，鼓励学生求异思维，对学生的积极表现给予及时肯定。

标　准	结果指标
11. 设计合理的教学方案	11.1　能够基于所任社会科课程标准、学习内容、学情分析确定教学目标并进行准确表述。 11.2　能够深入理解教材，准确把握教材中的基本内容及其联系，挖掘教学内容在学生发展中的价值，确定学习重点。 11.3　能够准确地确定学习难点，灵活运用突破难点的方法。 11.4　能够依据教学目标设计连贯性的教学进程，设计合理的学习活动。 11.5　能够依据教学目标、内容和进程恰当地设计多样的评价。 11.6　能够提供恰当的学习资源。

11.1　能够基于所任社会科课程标准、学习内容、学情分析确定教学目标并进行准确表述。

【操作要点】

(1)明确教学目标是教师在完成教学任务时所提出的概括性要求，是教学设计的基础和起点，所有教学活动都是为实现目标而设计。

(2)通过对课程标准及学习内容的分析，确定完成教学目标所需掌握的各知识点与技能要求。

(3)通过对学习者初始能力的分析确定教学的起点。

(4)在教学内容和学习者分析的基础上，明确、具体、详细地阐明通过教学而使学生在教学活动中所要达到的学习结果或标准。

(5)教学目标的确定为制定教学策略及开展教学评价提供依据。

11.2　能够深入理解教材，准确把握教材中的基本内容及其联系，挖掘教学内容在学生发展中的价值，确定学习重点。

【操作要点】

(1)能够分析教材所涉及的基本事实，并画出单元知识框架。

(2)在分析中能够描述知识的纵向与横向联系。

(3)有意识将知识置于某一个知识或能力框架内进行解读。

【举例说明】①

"辛亥革命"关于教学内容的分析，很好地体现了上述操作要点，其分析过程如下：

1. 课标内容

了解孙中山早年的革命活动，知道孙中山是中国民主革命的先行者；了解武昌起义和中华民国成立的史实，认识辛亥革命的历史意义。

2. 教学内容定位

"辛亥革命"属于人教版教材第二单元"近代化的探索"。所谓"近代化"，是指中国社会由传统农业社会向现代工业社会的转向。在近代历史上近代化在经济上主要是工业化，在政治上是民主化，在思想上是思想解放。由于近代中国特殊的社会环境，中国近代化的起步呈现出明显的层层推进、急速深入的逻辑发展特征。洋务派为了富国强兵而进行的"自救运动"随着北洋舰队的全军覆没宣告破产，康、梁依靠没有实权的皇帝进行的改革也以失败告终，直到孙中山领导开创了完全意义上的近代民族民主革命。

辛亥革命是中国近代化的重要里程碑：(1)政治上，在国家政治形态、政权形式上实现了近代化的突破——由封建帝制转化为形式上的民主共和政体。(2)经济上，振兴实业，倡导国货，实业救国蔚然成风，民族资本主义获得显著发展。(3)思想文化上，促进了民主、平等与科学、进步的西方文明观念的普及，打开了近代思想解放的闸门。

辛亥革命完成了推翻清朝、创立民国的政治使命，却没有来得及完成本应由它完成的、使民主共和观念"深入人心"的文化使命。"文化易帜"的任务只能留待后来者、继承人。新文化运动掀起了对封建思想文化批判的思想解放运动，正是继续了辛亥革命未竟的事业。

3. 整合教材

课标要求"认识辛亥革命的历史意义"。然而就"辛亥革命"这一课的教材而言，由于缺乏"中华民国临时政府在政治、经济、文化方面所采取的措施"，使得学生全面认识辛亥革命的历史意义有很大的难度。因此，为实现课标要求，需对教材进行整合：一方面，适当补充中华民国临时政府在政治、经济、文化方面采取的措施；另一方面，将教材在自由阅读卡中设置

① 案例来源：由北京月坛中学贾海燕老师提供。

的内容“孙中山与中山装”、第19课“中国近代民族工业的发展”和第20课“社会生活的变化”中的一部分内容与本课进行整合。这些内容的整合有利于学生从宏观上全面认识辛亥革命的历史意义。

上述案例很好地呈现了“深入理解教材”的路径：学习重点是什么？为何是这一重点？如何在教学中呈现这一重点。

11.3　能够准确地确定学习难点，灵活运用突破难点的方法。

【操作要点】

教学的本质是以知识为载体的人际交互。人际交互的起点是学生的原有认知。而学生对于新知识的原有认知差异很大，这给新课教学带来很大的难题，而真正的教学难点恰是由于学生原有认识错误或接受新知识后构建的新认知错误，导致学生在运用知识解决问题时模糊不清，效果不好。基于此，突破难点的最好办法就是诊断学生对新学内容的原有认识是什么样子的。

【举例说明】

“聚落”一课是初中地理为数不多的单独以章节的形式存在的人文地理教学内容，是落实人文地理核心内容、思维方式、教育价值的关键内容。这部分内容对学生来说最难之处是建立聚落的地理形象，以及在此基础上深刻理解聚落与环境的关系。这两个知识的学习除了需要学生建立在较大空间视角的基础上，还要运用地理学区域性和综合性的基本特点进行分析，更要体现人地关系这一学科主线。对学生来说，书本的、生活中的地理内容接受起来都比较容易，但一回到学科领域来认识现象就会变得格外抽象和不解。

“聚落的概念与分类”是一个抽象的封闭性问题，这一属性决定了教学中需要透过感性的资料、图片等呈现对聚落概念和分类的理解认识过程，只有这样学生才能把这样抽象的知识的来龙去脉弄清楚，才可能准确理解抽象概念的内涵，才能将抽象概念与身边事物联系起来，进而建立起学生头脑中聚落的地理形象。

“聚落与环境的关系”这部分内容对学生来说并不是一无所知，学生可以从某些实例中分析出聚落与环境某一要素间的关系，但是如果能综合自然与人文要素来分析聚落的形成和发展与地理环境的关系就变得特别困难，因为这属于地理学中较高层次的综合分析，对于初二的学生来说是很困难的，教学中需要结合学生熟悉的案例进行多要素的综合分析。

11.4　能够依据教学目标设计连贯性的教学进程，设计合理的学习活动。

【操作要点】

连贯性的教学过程一方面体现在通过设计问题连续体使学生的思维连贯；另一方面体现在通过教学内容的组织与呈现，使得教与学的逻辑合理、内容转化有序。

依据教学目标选择教学内容的同时，还需要考虑教学内容的组织与呈现。教学内容的组织涉及两次逻辑转化，即将教材逻辑转化为学科逻辑，将学科逻辑再转化为学生的认知心理逻辑，只有这样，组织起来的教学内容学生才易懂易会。

很多课的问题不是出在教师讲解错误上，而是教学逻辑出了问题。有的是教学逻辑不清楚，导致教学费时低效；有的是教学内容的组织逻辑缺环或多环，给学生的认知带来很大负担，导致学生的学习出现了问题。

【举例说明】

高中地理“区域地理环境对人类活动的影响”一课在课时处理上采取：第一课时学习不同区域的环境差异对区域发展的影响；第二课时学习不同历史发展阶段区域地理环境对区域发展的影响。这样的处理很好地体现了将教材逻辑转化为学科逻辑。

在第二课时讲解的过程中，新课讲授伊始，教师提供华北平原地形图，引导学生分析归纳华北平原地区的自然地理环境特征。而接下来的按照时间脉络展开的教学内容时却涉及北京、华北、中国、世界等不同的区域，与华北平原关系不密切，这从认知逻辑来看，新课伊始的“运用华北地区地形图分析归纳华北平原地区的自然地理环境特征”的环节就显得多余，是课堂教学低效的原因之一。

如果要按照学生的认知逻辑展开教学的话，本课要么从认识华北平原自然地理环境特征入手，进而认识华北平原地区在不同历史发展阶段环境条件对区域发展(人类活动)的影响；要么就以不同历史发展阶段为主线探讨区域环境对区域发展的影响，华北平原只作为某一特定时期的例子呈现。

这样的认知逻辑才能利于学生的思考和理解。

11.5 能够依据教学目标、内容和进程恰当地设计多样的评价。

【操作要点】

(1)在教学目标设计和实施各环节给出评价要点，对学生学习过程给予评价。

(2)设计学生活动记录单、学习反馈单和教师课堂观察记录表，了解课堂学习效果。

(3)及时整理上述评价资料，作为教学反思的参考依据。

(4)采用课堂提问、活动参与、作业、个性展示、考试、学生成长档案袋等方式评价学生。

(5)采用学生谈话、同事交流、电话家访、课外活动反馈表等方式评价学生。

【举例说明】 **运用概念图评定学生的相关能力**①

评价目的：(1)检测学生的知识结构以及学生对知识间相互关系的理解情况。(2)考查学生观察社会生活、处理信息能力、理解力、逻辑思维能力和道德认知(价值观)的形成情况。

评价工具：概念图

评价对象：四年级学生

评价内容：安全设施和安全标志

评价实施前的分析：从学习概念图到运用概念图

内容标准	基本标准	
	等级 A	
1. 能够知道生活中常见的安全设施和安全标志。 2. 能够区分安全设施和安全标志的概念。 3. 具有安全意识。	观察生活的能力、理解力、思考力(深度)	概念理解准确，能够通过多种不同方式做出深度解释，无科学性错误。
	思考力(逻辑)处理信息能力	概念图逻辑关系层次清楚，构图具有复杂性(至少能画出三个层次，并且在第二层次能列出三个以上的概念)。

① 案例来源：由北京海淀教师进修学校张玉兰提供。

续表

内容标准	基本标准	
	情感态度价值观	价值观体现明确。
	学习态度	作业清楚、整洁、美观。
	等级 B	
	观察生活的能力 理解力 思考力(深度)	概念理解准确，能够通过一定方式做出清楚的解释。
	思考力(逻辑) 处理信息能力	概念图逻辑关系层次清楚，构图一定的复杂性。
	情感态度价值观	有一定的价值观体现。
	学习态度	作业清楚、整洁。
	等级 C	
	观察生活的能力 理解力 思考力(深度)	概念理解存在一定的偏差，尝试通过一定的方式做出较清楚的解释。
	思考力(逻辑) 处理信息能力	概念图逻辑关系层次较清楚。
	情感态度价值观	有价值观体现。
	学习态度	作业清楚。
	等级 D	
	观察生活的能力 理解力 思考力(深度)	概念理解不正确，不能通过一定的方式做出深度解释。
	思考力(逻辑) 处理信息能力	概念图逻辑关系层次不清。
	情感态度价值观	没有反映出安全意识。
	学习态度	作业较乱。

A 等学生作业：

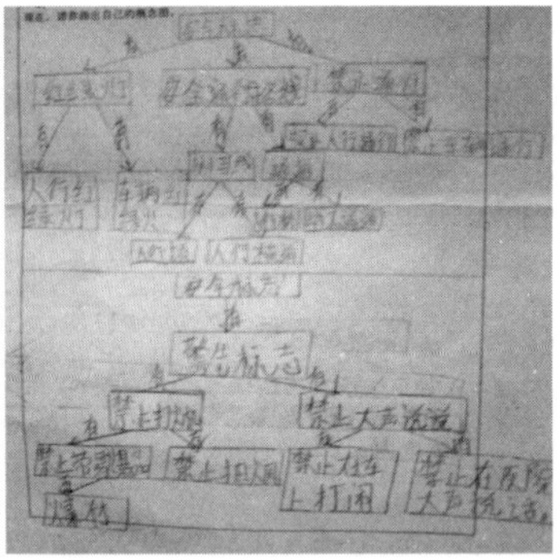

简要评价：这份作业是在 A 类作业中比较好的一份，最大的特点是内容充实。在安全标志的下面又列举了警告标志，并且涉及了加油站、医院等公共场所，在解释概念的过程当中，学生融入了自己的理解，学生的价值观体现比较明显。

从图中可以看出，这个学生有较强的观察能力、逻辑思维能力以及处理信息的能力，多角度、多层次，虽多不乱，让人感觉到一种真情的流露。（该生多次用到了禁止一词，说明该生的社会公德意识比较强。）

教师可以运用概念图来了解学生学习情况，评定学生的相关能力。通过概念图的评价，教师可以深入地了解学生的知识结构以及学生对知识间相互关系的理解，从中可以了解到学生搜索已有概念、把握知识特点、联系和产生出新的知识的能力；从概念图中还可获知学生对概念意义理解的清晰和广阔性，了解学生理解知识的方式，考查学生观察社会生活、处理信息能力、理解力、逻辑思维能力和道德认知的形成情况，评价学生的认知水平、理解力。

11.6　能够提供恰当的学习资源。

【操作要点】

（1）能够有效利用与学生生活密切相关的资源。

（2）选择和使用的资源能促进教学目标的达成。

（3）选择和使用的学习资源体现一定的教育价值。

（4）选择和使用的学习资源为学生形成概念，获得可迁移的观念提供支撑。

【举例说明】①

层　次	步骤	资　源	意　图
一、概括出丝绸之路的基本特征	1	教材中丝绸之路路线图和文字	概括出丝绸之路的特征：古老的路、漫长的路、艰难的路
	2	丝绸之路地形图	
	3	视频——丝绸之路真实场景	感受中华民族充满自信、勇敢坚强的民族精神
二、理解丝绸之路名称的由来	4	史料——丝绸之路沿途出土的文物、古罗马作家对丝绸的评价、恺撒大帝关于丝绸的故事	感受丝绸的历史文化价值，理解丝绸之路名称的由来
		实物——丝绸	
三、理解丝绸之路的意义	5	史料——沿丝绸之路往来的众多丝绸商人	理解丝绸之路是商贸之路；分析学习材料，能够提取有效信息
		新闻——“南澳一号”清理出大批瓷器	
		学习材料——果蔬原产地	
	6	史料——对丝绸之路交流的礼品及往来的使者	理解丝绸之路是友谊之路
	7	史料——科学技术、文学、杂技、服饰、装饰等方面文字和图片	理解丝绸之路是文化之路

教科版品德与社会五年级上册“古老的丝绸之路”一课，在探究活动中，围绕核心问题“丝绸之路是一条什么样的路?”充分利用多样化的教学资源，通过三层次七步骤，引导学生由浅入深地自主建构“丝绸之路”的概念，理解其特征和意义，实现教学目标。

在教学设计中，学习资源的选择需紧紧围绕教学目标，与每一步的设

① 案例来源：由北京丰台东高地二小熊春颖提供。

计意图密切关联。教师不仅从书本与网络中搜集学习资源，还要善于从周围人、事、物中去捕捉与教学相关的内容；需要教师认真评估呈现的图片、地图、原始资料、实物、日常生活事件等资源的教育价值，为学生建构新的认知、形成新的能力和情感服务。

标　准	结果指标
12. 实施有效的教学活动	12.1　能够启发学生独立思考，深入理解和掌握学习内容。 12.2　具有教学决策能力，能够灵活运用教学策略。 12.3　能够采取多元的互动方式，开展有效的合作学习。 12.4　能够根据学生学习情况有效调控教学内容和节奏。 12.5　能够将现代教育技术手段整合到社会科教学中。

12.1　能够启发学生独立思考，深入理解和掌握学习内容。

【操作要点】

(1)通过创设直观情境、问题情境等手段，激发学生的兴趣和学习动机。

(2)根据教学设计时构想的主问题，选择恰当的时机和对象、以恰当的方式提问。

(3)根据学生回答问题的情况，进行追问，部分运用转引、提示、深化、转问、反问、回问等高级提问技术。

(4)鼓励学生提出问题，重视培养学生的问题意识。

(5)板书设计巧妙，突出重难点和知识间的联系，有一定结构性。

12.2　具有教学决策能力，能够灵活运用教学策略。

【操作要点】

(1)利用不同的方法来介绍、解释和复述学科内容中的概念及过程，使全体学生都能明白。

(2)运用重复、板书、提问、语音变化、手势表情、身姿体位等多种手段，对教学重点难点或需要注意的地方进行强化。

(3)选择恰当的时机进行强化。特别注意结课时的强化。

(4)能够及时对学生的发言或行动作出评价。

12.3 能够采取多元的互动方式，开展有效的合作学习。

【操作要点】

根据学习需要和特定学情，组织同位交流、小组合作、全班讨论等形式，能够恰当分组、控制时间。

12.4 能够根据学生学习情况有效调控教学内容和节奏。

【操作要点】

(1)能够控制课堂时间、节奏，避免前松后紧、拖堂等弊端。

(2)基本能够根据课堂上不可预知的学情，调整教学设计时各环节的时间分配，或做出取舍。

12.5 能够将现代教育技术手段整合到社会科教学中。

【操作要点】

(1)在社会科教学中依据教学目标、内容和进度恰当地应用现代教育媒体。

(2)围绕教学重难点，运用有效的现代教育技术手段进行教育、教学活动。

(3)在社会科教学之前，对每个单元的教学内容，采用优化教育、教学过程的系统方法，即单元教学设计。

标准	结果指标
13. 培养良好的学习习惯与指导学生学习	13.1 在课堂教学与课外指导中，高度重视、坚持不懈地培养学生良好的学习习惯。 13.2 指导学生习得自主、合作、探究的学习方式，引发学生独立思考和主动探究，发展学生创新能力。 13.3 熟悉多种学习策略，能够相机进行策略性知识的教学。

13.1 在课堂教学与课外指导中，高度重视、坚持不懈地培养学生良好的学习习惯。

【操作要点】

(1)能够针对班级和学生的实际情况，有针对性和重点地抓学习习惯培养。

(2)经常在课堂教学中，设计具体任务和活动，抓学习习惯培养。

(3)更加重视比较核心的学习习惯，比如思考习惯、提问习惯等。

(4)在教学评价中注意对学习习惯养成的评价，鼓励学生养成好的习惯。

(5)能够对某些学生或某些学习习惯的培养进行专题的研究。

13.2 指导学生习得自主、合作、探究的学习方式，引发学生独立思考和主动探究，发展学生创新能力。

【操作要点】

(1)教学中能够设计更多的自主学习活动，留出更多自主学习时间，引导学生自主学习。

(2)布置一些自选的学习任务，或分层次的作业，引导学生在课外自主学习。

(3)要求学生做一些节假日的学习计划，培养学生自主学习能力。

(4)尝试改变以教为主的教学模式，更多采用以学为主的教学模式。诸如自学辅导、先学后讲、学生讲课等。

(5)更多地采用合作学习方式，组织学生开展合作学习的方式。

(6)能够比较合理地设计合作学习活动，能够注意分配学生角色、提出恰当的合作学习任务、注意合作学习的效果与评价。

(7)注意引导学生通过观察、思考提出问题，引导探究的兴趣。

(8)能够设计比较恰当的问题、情景，引发学生独立思考和主动探究。

【举例说明】

首师大版品德与社会五年级上册“哺育我们的母亲河——孕育中华文明”一课围绕教学目标，教师设计了“我是小小考古学家”的考古探究活动。教师恰当地选择了具有典型性和针对性的第一手资料为学习资源，以贯穿始终的核心问题为主线并辅以环环相扣的具有拓展性的若干小问题来引导学生经历完整的探究过程，开展了深入且富有成效的考古探究活动。

“半坡、河姆渡居民在衣食住和生产方面的水平会比北京人怎么样?”作为整节课学习中的核心问题，不仅使学生经历了猜测—选择探究方式(考古)—分析资料解决问题—得出结论—表达与交流—证明猜测的探究过程，而且巧妙地融合了三维目标，将知识、能力和情感的形成蕴涵其中。这之中，教师引导学生对比“水稻和粟”“半地穴式房屋和干栏式房屋”，使问题之间丝丝相扣，探究过程循环往复，实现由点到网的联动学习，使学生在不断地发现中提升思维水平。

案例分析：探究学习是学生从具有一定挑战性的问题或任务出发，通过自主的、多样化的探究活动来回答问题或完成任务，以获得知识和技能、发展能力、培养情感体验为目的的学习方式。探究学习包括发现问题，设立假说，收集信息、资料、数据，处理数据，验证假说等步骤，整个过程必须为学生留下思维和行动的足够空间，不能将过程和答案直接呈现给学生。探究学习重要的是通过探索性活动，使学生获得探求知识的学习方式，形成科学精神、科学态度。对于学生来说，探讨和把握获得探求结论的方式和途径，往往比学习和记忆知识结论更有价值。

13.3 熟悉多种学习策略，能够相机进行策略性知识的教学。

【操作要点】

(1)系统掌握学习策略的结构和内容，对不够熟悉的策略加以学习和研究。

学习策略包括元认知策略、认知策略、资源管理策略等，认知策略又分输入信息、储存信息、加工信息、输出信息各环节的学习策略等。

(2)更加关注学生元认知策略和深层次学习策略的培养。

(3)了解学生学习风格和学习差异的含义和内容，认识到差异的意义。

(4)注意采用分层次的、分类的、多元化的教学策略与模式，使自己的教学能够更好地适应学生的差异。

(5)教学过程中更加重视对学生的学习策略指导。

(6)能够通过多种方式调动学生的学习积极性，激发学习动机。

标 准	结果指标
14. 开展多元的学习评价	14.1 采用系列的追踪和评估策略评价学生的进展。 14.2 通过学生自评、生生互评以及师生互评等方式实现评价主体多元。 14.3 能够根据评价目的和内容灵活选择考试、成长档案袋等方式以实现过程性评价和结果性评价的有机结合。

14.1 采用系列的追踪和评估策略评价学生的进展。

【操作要点】

(1)在教学设计和实施各环节给出评价要点，对学生学习过程给予评价。

(2)采用课堂提问、活动参与、作业、观察、个性展示、考试等方式评价学生。

(3)采用学生谈话、同事交流、电话家访、课外活动反馈表等方式评价学生。

(4)设计学生成长档案袋，持续追踪学生的发展情况。

14.2 通过学生自评、生生互评以及师生互评等方式实现评价主体多元。

【操作要点】

(1)评价是教师和学生共同合作进行的有意义的建构过程。评价的目的是为了考查教师的教学水平和学生所达到学习目标的程度，帮助教师改进教学，保证课程目标的实现，使评价成为促进教师教学、激励学生学习和发展的过程。

(2)新课程提倡评价主体多元化，即评价主体从单向转为多向，学生既是评价的对象，也是评价的主体。强调评价主体间的互动，学生的自评、生生互评及师生互评等方式和家长以及其他有关人员的参与，建立学生、教师、家长和专家等共同参与、交互作用的评价制度，以种多渠道的反馈信息促进学生的发展。

(3)教师应通过自己的示范性评价、学生的相互评价来指导学生进行自我评价。

【举例说明】

小学品德与社会课程是一门综合课程，其评价的根本目的在于获得反馈信息，以帮助教师改进教学，促进儿童发展，保证课程目标的实现，而不是对学生品德与社会性发展水平做出终结性的评定，更不是利用评价结果对儿童进行比较与分等。因此，要从每个学生的原有基础出发，尊重学生的个性特点，强调以鼓励为主的发展性评价。

14.3 能够根据评价目的和内容灵活选择考试、成长档案袋等方式以实现过程性评价和结果性评价的有机结合。

【操作要点】

这个发展阶段的教师要能够设计多样化的评价方案，特别是表现性评价方案。常用的评价工具主要有：

(1)试卷。主要用于阶段性的结果性评价。

(2)量规和评价表。量规是专属于教育领域的术语，定义为“为一项工作列出标准的评分工具”，即量化的评分表，一般采用二维表格形式，把评价的具体项目和分值呈现出来，量规可以使评价的结果比较准确、客观，操作起来也很便捷，而且能对学习者起到目标定向的作用。它的使用非常广泛，如大规模考试中的作文评分标准和细则，就是一种典型的量规。

区别于量规的分值形式，评价表是用主观性的问题构成评价内容。比如对同学的发言或演讲进行评价。评价表上可以有这样一些问题：你认为他讲话的内容怎么样？哪些东西对你很有启发？他的讲话让你联想起什么？你认为他的语言表达能力如何？

(3)学习履历表、竞赛表。均为过程性评价方式，均需要详细设计评价内容的项目(如课堂发言的积极性、代表小组汇报研究成果的次数和表现、日常测验的成绩等)，作为记录和评价学生学科学习状况的依据。竞赛表可以在教室的墙上贴一张大表(网络普及的学校，也可以把竞赛表发布在校园网站上)，详细罗列学生在学科学习各个方面、各种检测、历次活动中的表现和成绩，如果以小组竞赛的形式出现，更可以激发学生的团队荣誉感和力争上游的决心。评价表也可以人手一份的形式出现，由每个学生保存和填写个人的学习履历。

(4)档案袋。档案袋评价是当前非常流行、也非常有效的一种过程性评价。为每位学生建立学业档案袋，其中包括学习过程中的各种原始记录，日常学习和历次活动中的表现(态度和成绩)，以及各种形式的作业和作品(如读书笔记、研究报告，发言录音，演讲、戏剧表演中的录像光盘)，还包括老师、同学、家长等各方面的评语等。档案袋，可以全面反映学生的学习过程和点滴进步，能督促学生养成在日常学习中一丝不苟的态度，以及积极参与各种活动的热情。

(5)概念图。把阅读材料中的重要概念和关系，用树状或网状图表示出来，这就是国外流行的概念图，它的类似形式是提纲、表格。制作概念图，可以作为对学生理解能力的一种评价。

(6)学习契约。也叫学习合同，适用于差异性教学与个别化指导。学生与老师或同伴制订学习契约，注明学习的具体目标、内容、方法、过程、时间安排等内容，相当于一份项目“实施方案”。学习过程中、结束时，都可以时时对照契约或合同来监测和评价。这有利于加强学生的自主学习意识和自我责任感。

标　准	结果指标
15. 促进有效的课堂管理	15.1　能够根据班级实际状况，运用有效的方法组织教学，顺利完成教学任务。 15.2　善于根据反馈信息灵活调整教学内容和进程。

15.1　能够根据班级实际状况，运用有效的方法组织教学，顺利完成教学任务。

【操作要点】

(1)根据教学内容和班级的实际状况，采用课堂教学、活动课、课外活动等组织形式进行有效教学。

(2)能够有效组织小组学习和个别学习，特别是提出合理的小组学习任务和个别化学习任务，做好小组分工，提出学习要求。

(3)能够熟练使用多媒体教学手段，有效处理使用中出现的小问题。

(4)对学生的学习风格、个别差异有一定了解，能够运用多种不同的教学方法进行教学，使不同学生有机会运用自己的风格进行学习。

15.2　善于根据反馈信息灵活调整教学内容和进程。

【操作要点】

(1)通过提问、课堂作业等方式及时了解学生掌握的情况，

(2)根据学生掌握情况和出现的问题，及时进行补充性、补救性教学，纠正学生学习中的问题和错误。

(3)根据学生自己提出的问题，及时进行指导或者讨论。

标　准	结果指标
16. 渗透思想品德教育与生活技能教育	16.1　能够基于学科特点、内容和学生的实际渗透思想品德教育。 16.2　能够掌握渗透生活技能教育的方法。

16.1　能够基于学科特点、内容和学生的实际渗透思想品德教育。

【操作要点】

(1)注重思想品德教育基本理论和基本观点的学习，用以指导学生的思想品德发展。

(2)基于社会科育人为本的学科特点，从学生的认知水平和年龄特征出发，挖掘教学内容的价值观资源，并采用主题教育活动、参观博物馆、观看历史题材的影片、社会实践等方式渗透思想品德教育。

(3)注重理论联系实际，结合学科教学和生活实际进行渗透。

(4)注重知行统一，在践履中学习。

16.2　能够掌握渗透生活技能教育的方法。

【操作要点】

(1)学科教育教学方式渗透，是指在学科教学活动中，以社会科学科课程为载体，通过听讲、阅读、讨论、参与、体验、训练、实验等，渗透生活技能教育。

(2)主题活动教育方式渗透，是指以中小学开设的毒品教育、可持续发展教育、安全教育、健康教育等主题教育活动为依托，渗透生活技能教育。

(3)班会、团队活动方式渗透，是指以班会、少先队和团员活动为载体，渗透基本生活技能教育。

(4)社会实践方式渗透，是指通过利用社会资源和组织学生参加校外社

会实践活动，渗透生活技能教育。

标准	结果指标
17. 实施积极的安全教育与健康教育	17.1　关心学生的身体健康，鼓励学生积极锻炼身体。 17.2　掌握有关学生心理健康的知识和方法，并协助开展学生的心理健康教育活动。 17.3　主动地维护学生的人身安全，引导学生树立自我保护的意识，提升自我保护的能力。 17.4　对学生的人身安全负有责任感，遇有突发事件时救助学生。

17.1　关心学生的身体健康，鼓励学生积极锻炼身体。

【操作要点】

(1)理解身体健康对于学生成长的意义。

(2)关心学生的身体健康。

(3)采取有效措施鼓励学生积极锻炼身体。

(4)能够与学生一起参加体育活动、相互交流。

17.2　掌握有关学生心理健康的知识和方法，并协助开展学生的心理健康教育活动。

【操作要点】

(1)理解心理健康对于学生成长的意义。

(2)关心学生的心理健康。

(3)采取有效措施鼓励学生关注和改进自身心理健康状况。

(4)能够经常与学生谈心、交流，促进学生的心理健康。

17.3　主动地维护学生的人身安全，引导学生树立自我保护的意识，提升自我保护的能力。

【操作要点】

(1)通过课堂教学，结合任教学科知识对学生进行安全教育，引导学生利用科学知识自护自救。

(2)通过班会，组织学生开展以安全教育为主题的演讲或者研讨，提高学生的安全意识。

(3)观看安全教育影片，学习基本的自救技能，学习自我保护方法。

17.4 对学生的人身安全负有责任感，遇有突发事件时救助学生。

【操作要点】

(1)在法律层面上，学校、幼儿园、托儿所和公共场所发生突发事件时，教师应当优先救护学生。

(2)在道德层面上，教师对学生的安全更应富有责任感，关爱学生的生命安全，遇到突发事件时勇于救助学生。

领域四 教育教学研究与专业发展

标 准	结 果 指 标
18. 教育教学反思与行动研究	18.1 变经验性教学为反思性教学，提升教学实践的合理性。 18.2 能够聚焦教学中的具体问题，并以课例为载体进行深入研究。 18.3 尝试使用观察法、调查法、文献法、案例法、叙事研究和经验总结法等开展教科研活动。 18.4 了解研究成果的呈现形式及其撰写方法。

18.1 变经验性教学为反思性教学，提升教学实践的合理性。

【操作要点】

(1)借助教学反思和行动研究不断探究与解决教学过程中遇到的问题，把自己“学会教学”与学生“学会学习”整合起来，提升教学实践的合理性。

(2)变经验性教学为以教学反思为中心环节的反思性教学，加快向成熟教师过渡。

18.2 能够聚焦教学中的具体问题，并以课例为载体进行深入研究。

【操作要点】

(1)梳理教学中的问题，聚焦问题，使之成为具有研究价值的主题。

(2)围绕主题设计课例研究方案，规划研究计划。

(3)依据方案开展课例研究，把研究融入备课、教学设计、说课、上课、观课、研课等环节中去。

(4)对教学进行评价和反思，提炼和总结研究成果，并撰写研究报告。

18.3 尝试使用观察法、调查法、文献法、案例法、叙事研究和经验总结法等开展教科研活动。

【举例说明】 **案例法**

案例，是指对实际情境的描述，在这个情境中包含一个或多个引人入胜的问题，同时也含有解决这些问题的方法。

案例形成包括以下基本步骤：

(1)前期准备。研究者洞察中小学教学中存在的普遍问题，进行有关的调查，搜集详尽的材料。

(2)确定主题。每个案例都要突出一个鲜明的主题，它常与教学改革的核心理念、常见的疑难问题和困惑的事件相关。确定主题要注意典型性和时代感。

(3)情境描述。案例源于教学实践，但不是课堂实录，它应以引人入胜的方式展开，有相对完整的情节和一些戏剧性的冲突，以反映事件发生的时空特征，揭示教学工作的复杂性和师生的情感、动机和价值观等方面的变化为主题。有时为了突出主题，提示讨论的焦点，可以对“原形”适当的调整与修改，但不能杜撰。情境描述一般要制成音像材料。案例在运用于教学之前，应得到同行的确认。案例可以按照如下框架制作：

题　目	主　题	理论背景	困惑或者展示的重点	提供讨论的问题	原　形
当学生的回答不是老师所期望的	教学中三维目标的整合	科学教育的目标—培养科学素养	当学生的回答不是老师所期望的	1. 这节课，老师对课堂中出现的问题是如何处理的？你认为她处理的怎样？ 2. 如果你遇到这样的问题怎样处理？	物质变化

案例法要取得良好教学效果，教师可在案例运用时采取以下做法：

(1)案例引入。可运用打招呼、发阅读材料、介绍趣闻轶事、展示视频材料等方式，吸引讨论者对案例内容的关注和兴趣。也可在使用案例之前，拟出一份参考材料内容包括案例说明、相关的教育理论与学科知识背景、建议讨论的问题等。

(2)案例讨论。在案例中设置引起讨论者思维的“两难”问题或用综合的眼光提出开放性的问题，使讨论者就自己的理解积极提出解决问题的方案，并在比较、论证的基础上确定一个或若干个最佳的方案。

(3)案例诠释与研究。多角度解读案例，分析研究，对问题产生的原因和解决问题的过程进行反思。可以采取适当的教育科研方法，如课堂教学行为技术分析等。研究结果不应停留在特殊的、虚拟的环境中，而应回归到真实的教学实践中去运用。

18.4　了解研究成果的呈现方式及其撰写方法。

【操作要点】

了解研究成果的呈现方式：案例分析、教学设计、科研论文、理论专著。科研论文的写作包括课题研究报告、学术论文和调查报告等的写法。

【举例说明】

调查报告的撰写程序如下：

(1)问题的提出(目的意义)；

(2)方法步骤：调查对象、调查时间、调查方法、调查内容；

(3)结果与分析(现状特征、原因分析)；

(4)讨论与建议。

标　准	结果指标
19. 团结协作与经验分享	19.1　能够把个人发展目标与学校发展目标相结合。 19.2　善于发现和学习他人的优点，能够换位思考，主动提供自己的经验。 19.3　具有通过合作解决问题的意识。

19.1　能够把个人发展目标与学校发展目标相结合。

【操作要点】

(1)对学校具体工作目标、制度与实现本校办学的愿景之间的关系有足够的认识。

(2)在工作中带领本组教师，结合本职工作，分解本组能够为实现本校办学的愿景所作的贡献，制订相应的行动计划，并实施。

(3)根据本校办学的愿景适当调整自己的知识与能力结构。

19.2 善于发现和学习他人的优点，能够换位思考，主动提供自己的经验。

【操作要点】

(1)组织或积极参加学校关于教师经验分享的活动，在其中扮演一定角色。

(2)发现同事有益的经验，并依此提出交流和讨论的话题。

19.3 具有通过合作解决问题的意识。

【操作要点】

学校发展和学生发展需要不同年级、学科和担任不同工作职责的教职工形成合力来实现，教学中存在的问题大部分具有共性，与其他教师一块合作解决问题，不仅可以提高解决问题的实效性，还可以充分学习他人的好经验和好方法。

【举例说明】 **通过建立"校本教研联合体"开展校本教研**

社会科所任课程均为小学科，一个学校同年级相同学科的教师较少，不足以形成校本教研的氛围。"校本教研联合体"是一种新型的教研机制，一般由5～7所学校、10～15名教师自愿组成进行教学协作研究，开展校本研究活动。

"校本教研联合体"的类型主要有四类：中学教师与大学教师合作的研究共同体；中学教师与教研员合作的研究共同体；中小学教师与大学教师、教研员合作的研究共同体；本校部分教师组成的研究共同体。

"校本教研联合体"的同伴互助，能引发思想碰撞和交锋，有助于研究的深入和成果的分享；专家的引领有助于聚焦基本问题，有助于研究方法的科学规范，有助于成果的出台和应用。

标　准	结果指标
20. 终身学习与持续发展	20.1　保持学习和反思的习惯。 20.2　对发现的教学问题进行探索和研究。 20.3　积极参加校本研修活动及各级各类教师培训。 20.4　制定中长期专业发展规划，注意在日常教学实践中提升自己的专业素养。

20.1 保持学习和反思的习惯。

【操作要点】

(1)依据舒尔曼的学科教学知识(PCK)结构展开学习，进行专业知识建构。

(2)利用计算机网络平台，了解学科教学和教研的国内外动态，对自己的知识进行动态管理和优化，具有开放性特点。

(3)保持学习和反思的习惯，在反思性教学诊断中学习和进一步把握教学反思评价方法和教学行动研究方法。

【举例说明】 **2+2 反思评价**

(1)做法

公开课之后，课堂观摩者提出2句称赞和2个建议。

(2)基本假设

教师的课堂察觉与分析能力发展与其课堂教学能力发展成正比。

(3)目的

使教师的课堂察觉与分析能力的发展可视化。

(4)理论观点

① 在试验与错误中学习更具有价值。教师教学认知活动贯穿于教学活动的始终。在这个过程中，每个人的已有经验背景都不同，看问题的切入点都不同，每个人的认识都有盲点，需要通过交流、反思、学习、研究，提高认知水平。

② 每个人既是教授者也是学习者。在学习型组织中，每个人既是教授者也是学习者。教师的创造才能和指导作用，在处理教育活动的情境中得到发挥，同时，也接受一系列挑战。例如当学生精神不振时，你能否使他振作？你能否从学生的眼睛里读出愿望？你能否用不同的语言方式让学生感受关注？你能否使学生在课堂上学会合作，感受和谐和欢愉、发现的惊喜？当教师在课堂中体会成功与创造，教师的内在积极性就能被激发了。

③ 以一种平衡的方式表达对别人工作价值的关注。满足教师的归属感是激发其创造热情的基础。实际上每个人都期待获得称赞和建议。2+2模式以一种平衡的方式表达对别人工作价值的关注，既有称赞又有建议。

④ 平级间的反馈可能比来自上级的反馈更有效。在传统的教师培训和教研中，总是青年教师向资深教师学习，一般教师向优秀教师学习，这种

学习使教师有一定收获。但是经常出现单向输入，没有批判性的接受并模仿的情形。学习者更多的感受是“人家做得确实很好，但是我这里的条件不具备，我只能羡慕却不能做到”。而且当出现这种想法时，教师一般会原谅自己：“我是个新手，经验不足”“我不是优秀教师”。

(5)优点

在耳熟能详的教学情境中发现与挖掘身边的教师的“闪光点”，把这些“散落的珍珠”捡起来、穿成串，能够使教师的学习更为有效。一是不戴着学习与观摩的“眼镜”去观察普通教师的课堂，有利于观察者以审视的眼光，不同的视角提出新的见解，观察更为细致，思维更加深刻、开放，这是领导检查性听课和优秀教师观摩课所不能比拟的。这不仅能够产生使观察者“照镜子”的作用，而且有利于改变教师的学习方式和思维定式。

资源有限时，教师可以通过向彼此提出或接受建议而得以提高；更多的教师互访并提供建议，将为提高教学质量提供有用信息。

20.2　对发现的教学问题进行探索和研究。

【操作要点】

(1)明确与聚焦问题。可以有以下方式：

结合当前形式，针对基础教育改革课程改革中的深层次问题进行思考。研究方法：实践观察—质疑—寻找理论依据，进行比较研究—思辨—触及本质问题—整理思路—形成观点—实践检验。

俯视广阔的教学领域—聚焦问题—分解问题—实践探索—形成成果(实践总结为主)。研究方法：行动研究(按“计划—行动—考察—反思”循环过程进行)。

心存问题—文献研究—形成自己的看法(假设)—实践(验证)。研究方法：文献法、调查法、实验法。

(2)分解问题，把大问题分解成一个一个小问题，并以问题(提问)的方式呈现出来。要扬长避短，避免研究大而空的问题。

(3)围绕问题，运用相应的方法，进行实践性的研究和探索，寻找解决的办法。

20.3 积极参加校本研修活动及各级各类教师培训。

【操作要点】

具有优化和提升自我专业素养的意识，自觉自愿参加校本研修活动及各级各类教师培训。

20.4 制定中长期专业发展规划，注意在日常教学实践中提升自己的专业素养。

【操作要点】

(1)制定三至五年或终身的专业发展规划，以成熟教师或卓越教师的标准分析自身的劣势和最近着力点，明确今后三至五年或从今以后，在职业道德、专业水平、教科研成果、任务驱动责任和辐射作用等方面的发展目标，并制定进行自我检测和评价的指标体系、检评方式和间隔时间。

(2)注意在日常教学实践中提升自己的专业素养，不断地建构开放的动态发展的知识与能力结构。

开放性知识结构是指掌握具有自我更新价值的、能够为进一步学习铺设道路的、在学科发展中具有认识飞跃地位的那些主干知识和自学方法。能够自己利用各种信息、资料学习与补充新知识，并能够把吸收的新知识纳入原有的知识结构，以改善原结构，增加其吸收新知识的能力。

动态发展的知识结构是指具有准确察觉与判断教育功能对教师知识结构变化的新要求的能力，能够主动、恰当、及时地提出知识结构调整的方向和限度。

三、从成熟到卓越

维度一　专业基础

领域一　健全人格与职业道德

标　准	结果指标
1. 爱岗敬业，履职尽责	1.1　挚爱教育事业，全身心致力于学生的学习和发展。 1.2　自觉遵守教育法律法规，自觉贯彻执行教育方针政策。 1.3　出色履行教师职责，具有高度的责任感和奉献精神。 1.4　有强烈的事业心和教育理想与抱负。

1.1　挚爱教育事业，全身心致力于学生的学习和发展。

【内容要点】

(1)热爱学生，承认学生有不同的特征和禀赋并且善于使每个学生都学到知识，彰显尊严和价值，相信每个孩子内在的潜能，深信所有学生都能掌握知识。

(2)通过听学生说话、观察与同学的交往和品味学生习作了解每个学生的兴趣和困难，关注他们的生活习惯、兴趣源和考试成败的原因。承认个体差异并以之调适教学。

(3)掌握个人和群体学习理论以及青少年儿童发展理论；熟悉社会和认知学家可移植到教与学上的理论，并与自己总结出的学习和发展理论相结合。努力创设多种情境，发展和评估那些学校环境无法使学生完全施展的才华和智能。

(4)在选择教学内容和方法时，从培养学生自尊、激发学习动力、养成正确的道德观念和公民责任感这一广义的学生潜能出发进行决策。

1.2　自觉遵守教育法律法规，自觉贯彻执行教育方针政策。

【内容要点】

走向卓越的教师在教书育人的过程中，要成为自觉遵守教育法律法规、自觉贯彻执行教育方针政策的模范。

1.3　出色履行教师职责，具有高度的责任感和奉献精神。

【内容要点】

(1)严格要求自己，深入理解教师职责，在教育教学过程中将教师职责内化为工作习惯，方方面面为学生示范。

(2)甘于寂寞，受得住辛苦，经得起挫折，全身心地投入教育事业中去，正如著名教育家陶行知所说“捧得一颗心来，不带半根草去”。

1.4　有强烈的事业心和教育理想与抱负。

【内容要点】

强烈的事业心来自于崇高的教育理想和坚定的职业抱负，两者密不可分：全身心地投入教育事业，将毕生精力和所有智慧应用于教书育人；勇于战胜一切困难，百折不挠地实现教育理想和价值，成为师生学习的榜样。

标　准	结果指标
2. 关爱学生，教书育人	2.1　热爱并关注每一位学生，平等公正地对待每一位学生。 2.2　培养学生的健全人格，引导学生树立正确的人生观和价值观，能以行为诠释价值，成为学生健康成长的导师。 2.3　着眼于学生的素质提升、潜能发挥与可持续发展。

2.1　热爱并关注每一位学生，平等公正地对待每一位学生。

【内容要点】

(1)引导学生兴趣，平等地关心每位学生；帮助学生树立自信心，增强自我效能感；培养学生关爱的情怀，形成关爱他人的能力。

(2)对不同的学生群体，采用不同的教育方法。

(3)努力寻求满足学生不同需求的教学方法。

2.2 培养学生的健全人格，引导学生树立正确的人生观和价值观，能以行为诠释价值，成为学生健康成长的导师。

【内容要点】

在言传身教中培养学生的健全人格，培养学生形成：

(1)客观的自我认识和积极的自我态度。能够全面的、丰富的认识自我，既不夸大也不缩小自己的长处和短处，能够经常意识到自己在做什么，感受到什么，并知道行为、体验缘何而起。

(2)客观的社会知觉和建立适宜的人际关系的能力。逐步形成从别人的言语、行为中体察别人的思想、愿望和感受，根据事实了解别人对自己的看法和态度的习惯，建立适宜的人际关系。

(3)生活的热情和有效解决问题的能力。热爱生活，喜欢学习；具有与自己年龄相适应的生活能力。

(4)协调的个性结构。使其具有统一的人生观和世界观，动态平衡需要、兴趣、动机与理想、信念和世界观之间的关系，协调认识、情感和行为的关系。

2.3 着眼于学生的素质提升、潜能发挥与可持续发展。

【内容要点】

自觉践行育人为本、德育为先、能力为重、全面发展的理念，实施素质教育，促进学生可持续发展。

(1)育人为本，即明确培养什么人、怎样培养人的问题。

(2)德育为先，即加强学生思想政治和道德品质教育。

(3)能力为重，提高学生的学习能力、实践能力、创新能力，培养出适应我国当前和未来经济发展所需要的新时代人才。

(4)全面发展，加强和改进德育、智育、体育、美育，坚持文化知识学习与思想品德修养的统一、理论学习与社会实践的统一、全面发展与个性发展的统一。

(5)理解育人为本、德育为先、能力为重、全面发展是素质教育的内涵和核心。将学生的知识学习、能力发展和品德养成相结合，为学生的终身发展奠定基础。

标　准	结果指标
3. 为人师表，严谨治学	3.1　遵纪守法，作风正派，公正廉洁，以身作则。 3.2　具有对教育问题的宏观把握和批判性思维，问题意识与创新意识强，努力探索教育教学规律。

3.1　遵纪守法，作风正派，公正廉洁，以身作则。

【内容要点】

(1)自身修养达到较高境界，为人处世能“从心所欲又不逾矩”。

(2)人格魅力得以凸显，并具有较强的感染力，不论对学生、学校同仁，甚至社会都具有无声的榜样示范作用。

(3)自我价值与社会理想统一实现。通过突出的工作业绩获得社会的认可，体现社会科教师的自身价值和精神追求。

3.2　具有对教育问题的宏观把握和批判性思维，问题意识与创新意识强，努力探索教育教学规律。

【内容要点】

(1)从教育的本质理解促进学生健康成长，并从自然人转变为社会人的角度思考教育现象，探索教育规律。

(2)对当前有利于和违背学生成长的教育方式提出独到的见解，关注与吸收先进的教育理论，并身体力行，知行合一。

标　准	结果指标
4. 热爱生活，身心健康	4.1　关爱自己的身体，保持身体健康，合理分配精力。 4.2　积极向上的态度，强烈感染学生和周围的人。 4.3　正确且从容对待困难和挫折，善于自我调节。 4.4　具有高尚的生活情趣和审美情趣。

4.1　关爱自己的身体，保持身体健康，合理分配精力。

【内容要点】

(1)深刻理解健康对人的生活和工作的意义以及锻炼对健康的价值。

(2)关爱自己的身体，保证营养均衡，养成定时锻炼和定期体检的习惯。

(3)保持合理的体重和身体健康，能够合理分配精力。

4.2　积极向上的态度，强烈感染学生和周围的人。

【内容要点】

(1)深刻理解个人与他人、个人与集体、个人与社会以及个人与工作和生活的关系，常怀自律之心、感恩之心、奉献之心和平常之心。

(2)对未来充满希望，对自己充满信心，对他人充满同情与感恩，对组织与事业无限忠诚。

(3)具有仁慈之心，豁达之胸，自主意识强，具有极强的职业归属感。

4.3　正确且从容对待困难和挫折，善于自我调节。

【内容要点】

(1)具有笑对困难和挫折的人生态度。深刻理解克服困难、经历挫折，可以培养人的意志、勇气，锻炼人的能力。

(2)沉着冷静对待困难。迅速找出困难存在的主客观原因，厘清解决困难的思路，并能够创造性地解决问题。

(3)坚定信念勇往直前。面对挫折，积极解决；朝着既定目标，不懈努力；同时，具有科学的调节方法，以缓解工作和生活的压力。

4.4　具有高尚的生活情趣和审美情趣。

【内容要点】

(1)深刻认识生活情趣的含义，真正理解高尚的生活情趣对身心的调节和对工作促进的价值。

(2)全面认识审美情趣的含义，明确审美、护美、创美的区别；理解对自然美、社会美和艺术美的欣赏在公民素质中的地位和价值。

(3)长期坚持至少一种有益身心健康的兴趣爱好，并形成一定的特长。

领域二 学科与教育教学专业知识

标 准	结果指标
5. 关于社会科的知识	5.1 具有统领性、深刻性、融通性的所任社会科学科知识。 5.2 在丰富的学科实践经历中，形成动态发展的学科知识结构和解决实际问题的能力。

5.1 具有统领性、深刻性、融通性的所任社会科学科知识。

【内容要点】

(1)统领性。自觉掌握本学科宝塔形的层级知识结构(如图1-1学科知识层级结构和作用示意图所示)，不仅清晰本学科视角、核心概念与方法，而且善于运用社会科十大跨学科主题(①文化；②时间、连续与变化；③人、地域与环境；④个体发展与自我认同；⑤个体、群体与公共机构；⑥权力、权威与管理；⑦生产、分配与消费；⑧科学、技术与社会；⑨全球关联；⑩公民理想与实践)解决本学科的问题。理解本学科知识是如何创立构建并与其他学科相联系的。只有不断地将与学科有联系的事实、论据、概念等纳入一个处于不断统一的结构之内，建构起自己的学科知识结构，学生才可以独立地面对并深入新的知识领域，从而不断地独立地认识新问题，增加新知识。这一点在“知识爆炸”的时代显得至关重要。

(2)深刻性。对学科本质有着深刻的认识，善于聚焦学科核心概念及其思想方法：一方面具有高超的概念理解水平，善于从表面到本质，透过现象看本质，把握现象背后的基本概念；进而从抽象到具体，对抽象概念形象描述，用典型、精彩的例子解读概念的本质特征；最后从孤立到系统，有层次、立体化的认识概念之间的关系、联系，形成所任社会科的学科概念体系。另一方面具有高超的解读概念所反映的学科思想方法的能力。

(3)融通性。善于融通自然科学与社会科学之间、学科之间、学科与教育之间、学科与现代社会、生活之间的关系，并用于日常教学研究中，以解决学科问题和现实问题。

【举例说明】

成熟到卓越阶段的历史教师可以外显以下的统领性知识结构：

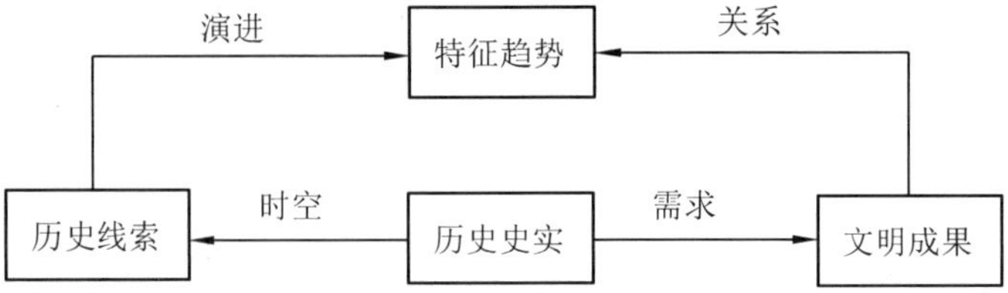

在教学中凸显时空、需求、演进、关系等核心概念的内涵、价值和意义，使学生学会用这些核心概念去构建新知识，探究社会现象，解决新问题。

5.2 在丰富的学科实践经历中，形成动态发展的学科知识结构和解决实际问题的能力。

【内容要点】

教师对教育问题的认识，往往是从面临的现实问题出发，最终在解决现实问题的方法策略上落脚。教师的思维过程注重应用而非理论模式。教师通常以基于案例的情境性嵌入方式学习，他们所面临的经常是结构不好的问题域，需要通过多维表征、双向建构的情境嵌入，才能全面理解知识的价值。

【举例说明】

教师不仅要清楚、准确地把握所教学段的学科知识体系，还需要全面系统地把握全学段(小学、初中、高中、大学)的学科知识体系。不但要有地理科学知识，还要有地理人文知识以及地理技术知识，并能够按照“地理事象—地理规律与原理—地理核心概念与观念—地理方法论与地理哲学”的层级来动态调整学科知识结构。只有这样，教师才能客观系统地审视和灵活准确地处理教学内容，才能站在教学内容之上思考教学内容以怎样的方式进行组织与呈现，才容易被学生理解和接受。

以“地球”内容为例，各学段知识结构及满足教学要求的动态调整：

学段	各学段知识结构	教学要求
小学	1. 从生活现象中体会地球的形状及运动。 2. 从地球科学史的角度来认识地球的形状和运动。	更多的是感性认知，用历史说话、用事实说话，目的是让学生接受理解这一现象，感受地球运动的存在及与生活的关系。
初中	1. 认识地球的基本特征(如形状特征、大小特征、运动特征)。 2. 认识地球基本特征的基本手段(地球仪)。	进入寻找方法、理性认知的阶段，运用地球仪认识地球的形状、大小、运动特征。地球仪的知识只是为了认识地球特征的基础知识和基本方法。
高中	1. 描述地球所处的宇宙环境。 2. 阐述太阳对地球的影响。 3. 地球运动的地理意义。 4. 地球的圈层结构及各圈层特点。	站在空间圈层结构的视角审视地球所处的宇宙环境及地球的运动特征，最终落在对人类活动的影响上。主要属于天文科学和地质科学领域。

标　准	结果指标
6. 关于学生的知识	6.1　深谙发展心理学、教育心理学以及其他相关学科关于学生的知识，并能灵活而有效地运用于所任社会科课程教学和学生管理中。 6.2　掌握学生身心发展的特点和所任社会科课程学习规律；具备所任社会科课程学习策略、技巧以及学习习惯指导的相关知识和方法。

6.1　深谙发展心理学、教育心理学以及其他相关学科关于学生的知识，并能灵活而有效地运用于所任社会科课程教学和学生管理中。

【内容要点】

(1)对本学段所任社会科内容涉及的“发展心理学、教育心理学”有关知识，能结合相应的教学内容进行明确阐述。

(2)所任社会科教学行为自然融入与运用“发展心理学、教育心理学”相关理论。

6.2　掌握学生身心发展的特点和所任社会科课程的学习规律；具备所任社会科课程的学习策略、技巧以及学习习惯指导的相关知识和方法。

【内容要点】

本阶段的小学所任社会科教师应能从儿童心理发展的视角观察、分析并解决小学生成长中的问题。在所任社会科教学中，遵循儿童语言和思维发展的规律，运用丰富的策略帮助学生了解学习策略、初步形成良好的学习习惯。

本阶段的中学所任社会科教师应了解中学生的身体变化及其对心理发展的影响；理解中学生认知的发展、情绪、人格及社会性的发展，帮助中学生塑造健全的人格。还应从中学生心理发展的视角观察、分析并解决中学生成长中的问题，在所任社会科教学中，遵循中学生语言和思维发展的规律，运用丰富的策略帮助学生掌握学习策略、形成良好的学习习惯。

标　准	结果指标
7. 关于课程的知识	7.1　深谙课程改革的基本理念和所任社会科课程在学生发展中的意义。 7.2　丰富所任社会科课程设计、课程实施、课程资源和课程评价等方面的知识。

7.1　深谙课程改革的基本理念和所任社会科课程在学生发展中的意义。

【内容要点】

通过在教学中深刻理解、自觉贯彻所任社会科课程标准，落实课程改革的基本理念，不仅“知”课程标准“其然”，更“知其所以然”，特别重视研读课程标准“前言”部分，理解课程性质所表明的本课程在学生发展中的意义的内涵，深入思考课程基本理念、课程设计思路、课程目标、课程内容、实施建议等关键点。通读本学科不同学段的课程标准，力求站在促进学生全面发展的高度来审视自己任教学段的课程。

7.2 丰富所任社会科课程设计、课程实施、课程资源和课程评价等方面的知识。

【内容要点】

(1)能够整体和系统把握课程的性质、目标、内容和评价等知识，并能够将理论知识转变成为教学实践。

(2)能够按照所任社会科课程标准的要求开发校本课程。

(3)具有系统课程观和教学智慧。能够制定系统、有层次和多维的课程目标。

(4)贯彻课标的基本理念，关注教师教学方式及学生学习方式的转变，能够通过有效课堂互动方式体现学生的主体地位，保障学生主动参与、体验、建构知识。

(5)注重营造和谐的课堂情境及课堂氛围，使得课堂教学过程成为师生之间、学生之间的平等对话，鼓励学生主动提问，使得学习过程成为学生发现问题、提出问题、解决问题的过程。

(6)在教学中，使用适当策略引导学生参与互动。

(7)能够合理开发和利用除了教材以外的多种课程资源，如教学环境的创设、学生资源、教师资源和家长资源等。

(8)在课程评价方面能够做到评价主体多元化，评价形式和内容多样化，评价目标多维化。

【举例说明 1】 **校本课程的开发**

校本课程是指学校在实施好国家课程和地方课程的前提下，自己开发的适合本校实际的、具有学校自身特点的课程。

开发校本课程要突出区域和校本特色，立足于校本：

(1)课题选择符合中小学学科体系的规定。

(2)将教师的知识资源转化为选修课的课程资源。选择教师学习和爱好的专长，将其知识的优势转化成教授好一门课程的动力。

(3)寻找教师知识与学生兴趣的契合点。例如，与他们生活密切相关的地方史、校园文化史等选题。

(4)课题选择要有时代感。就当前中国的发展而言，选题要符合以爱国主义为核心的民族精神和以改革创新为核心的时代精神，脱离民族精神和时代精神统一的选题，其教育性和知识价值都要打折扣。

如历史校本课程的开发和实施：

(1)从历史学科来讲，校本课程的“根”在学校，“情”在文化，“理”在了解和热爱，“意”在探究和考察。

(2)从课程运作来看，突出活动性和实践性，除了教师讲、学生听外，还要带学生踏访、考察，强调亲历性。

(3)给学生交流、展示的空间。探究和实践的主体是学生。学生小组合作，搜集资料，有目的地考察，形成考察报告或研究专题，在课上展示、交流，自我品评。使学习与探究相结合，个人发展与团队合作相结合。

【举例说明 2】 **整体和系统把握地理学科的内容及视角**

(1)能够认识地理学科的核心内容——地理环境与人类活动间相互关系，以及地理学科的综合性与地域性的特点，能够运用地理学特有的视角与方法，即空间观、时间观和综合观视角来认识和分析地理问题。

(2)地理学的空间观是从不同空间尺度上认识世界，又可包括区域和区位两方面内容。区域是相对于全球和局地空间尺度而言，区域地理学透过不同空间尺度的变化来认识世界，包含区域特征、区域差异、区域关联和区域演变四部分内容；区位着重于空间分析，关注地方的属性并能进行空间优化的区位选择。此外地理学的空间观还要求能进行空间表述，运用地图、语言、数学等空间表述方法来描述地理空间。

(3)地理学的时间观即动态观察世界的方法，重视过程和现象之间的关系和相互依赖性，即考虑地球环境随时间的变化过程，也重视人地关系在不同时间尺度上的表现，同时也需要认识区域的发展演化过程。

(4)地理学的综合观是将地球表层作为一个整体来看待，并能从整体性和相互关联中来认识和观察世界：考察地球表层整体与各部分，以及部分之间的协同性；认识其中的因果关系；找出起决定性的主导因素在整个地球系统中的作用。在用综合观来认识世界时要注重过程的综合及多层次的综合，既要实现地球表层环境的动态综合，也需要实现环境—社会、人类—社会的动态综合。

标准	结果指标
8. 关于教学的知识及学科教学知识	8.1 具有较高的教育理论素养。 8.2 基于教学内容和学生情况，形成促进学生理解性学习的多元教学策略，积累丰富的教学案例知识。 8.3 形成体现独特思想和风格的丰富的教学艺术(策略)的知识。

8.1 具有较高的教育理论素养。

【内容要点】

进行广泛的专业阅读，熟悉发展心理学、教育心理学以及其他相关学科关于教学的知识，熟练掌握所任社会科教学理论、流派及方法，并能融会贯通，灵活而有效地运用于所任社会科教学中。

【举例说明1】 **多元智能面向全体学生**

美国哈佛大学教育研究院的心理发展学家霍华德·加德纳(Howard Gardner)认为，所有正常发展的人都具备八种智能：语言智能、数学逻辑智能、空间智能、身体运动智能、音乐智能、人际关系智能、内省智能、自然观察智能，只是每种智能发展的程度不同，每个人的智能以不同的组合方式进行运作，孩子可能将所有八种智能都带到课堂。以加德纳的多元智能理论为依据，这一阶段的教师基于学生的不同学习风格，选择不同的教学方法，创设不同的教学情境，通过教学活动的多样性，力争所有学生在不同的课堂中体验运用不同的智能，以满足不同智能结构孩子的学习特点。

【举例说明2】 **建构学习自主合作探究**

建构主义学习理论是继行为主义和认知主义之后出现的教育心理学理论，揭示了人类学习过程的认知规律，阐明了学习如何发生，意义如何建构及学习环境对知识建构的作用等问题；认为学习是学生主动的建构过程，情境对意义的建构起重要作用，互动是知识建构的重要方式。基于这一理论，这一阶段的教师在教学过程中，自觉地以学生为中心，根据课程内容和教学目标建立与当前学习主题相关的，尽可能真实或接近真实的学习情境，通过师生的协作、交流，生生的活动、讨论，促进学生的有意义自主学习。

8.2 基于教学内容和学生情况，形成促进学生理解性学习的多元教学策略，积累丰富的教学案例知识。

【内容要点】

(1)基于学情，自觉在教学中渗透学科统领性概念及呈现学科知识结构，选择恰当的教学策略，协助每一位学生学会学科思维方法。

(2)宏观把握课时教学内容在学期、学段甚至整个基础教育中的位置，依据课程标准、学情制定恰当的教学目标，以适应学生的渐进发展需求，促进学生理解，增加学习实效。

(3)具有教学内容价值分析和学情分析意识，依据分析结果设计多元教学策略。运用纵向、系统的分析方法，把握教学内容的多元价值；依据教学目标，合理整合教学内容；依据学情分析，将生成性问题及时转化为课程资源；依据输入与输出匹配原则，调整教学任务，促进学生对知识的理解和内化、产出。

【举例说明 1】 **小学品德与社会教师把握单元层级知识结构**

自觉在品德与社会教学中依据知识的层级结构，以教学单元为基础进行核心概念的教学，运用问题连续体理论；上、下位学习等教学理论设计教学。如：

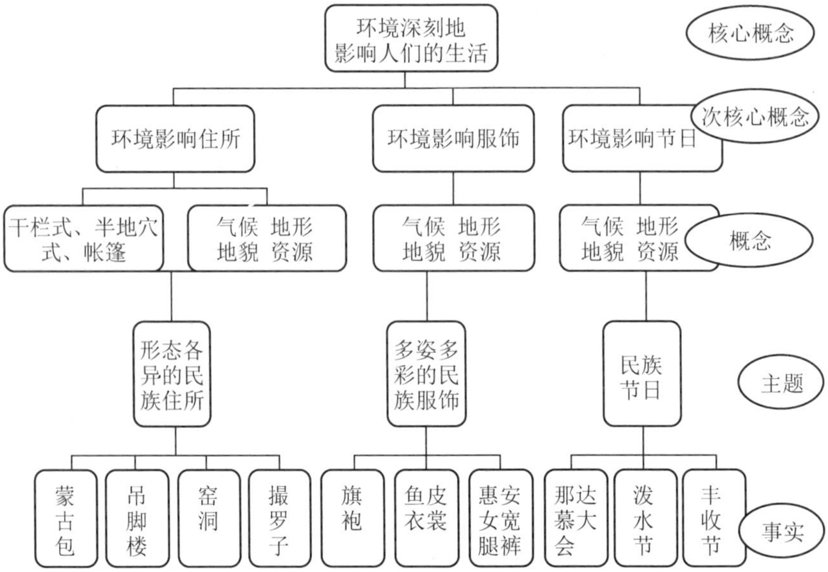

【举例说明2】 初中思想品德教师把握的学科知识结构

能够在教学中渗透思想品德学科统领性核心概念，呈现思想品德学科知识结构：基本事实、统摄性较低的概念(道德、心理健康、法律、国情等领域的事实性知识及其社会现象等)——核心概念与方法、学科视角(学生的思想品德是在对生活的认识、体验和实践过程中逐步形成的)——跨学科主题(地域与环境，个体发展与自我认同，社会规则与生活等)——哲学思考(人生观、价值观、道德观)。

【举例说明3】 高中思想政治教师把握的学科知识结构

能够在教学中渗透思想政治学科统领性核心概念，呈现思想政治学科知识具有上、下位关系的四个层级结构，从下到上的层级为：基本事实、统摄性较低的概念(经济、政治、文化、社会生活等领域的事实性知识及社会现象等)——核心概念与方法(学生在参与现代社会生活的过程中，领悟唯物史观的基本观点和方法，初步形成正确的世界观、人生观和价值观)——跨学科主题(个体、群体与机构，权力、权威与管理，生产、分配与消费，全球关联、公民理想与实践)。

【举例说明4】 中学历史教师把握的学科统领性概念及其知识结构

自觉在历史教学中渗透“时空、需求、演进、关系”等统领性概念，呈现“历史事实—线索和规律—文明成果—历史核心概念与观念—历史方法论与历史哲学”的知识结构。

【举例说明5】 初高中的“中国的近代化”主题教学

初中历史“中国的近代化”的主题教学，学生形成“中国的近代化”概念时，教师通过洋务运动(求富求强)、戊戌变法(改良)和辛亥革命(革命)、新文化运动(民主、科学；马克思主义传播)等历史事件，完成由器物层面到制度层面到思想层面的近代化的概念建构，同时掌握“近代化”“现代化”的内涵。在学习世界的现代化内容时，教师可采用概念的同化策略：世界的现代化经历了哪些历史事件？与中国的近代化路径有怎样的不同？结果如何？在经历概念的形成和概念的同化两种学习方式后，学生不仅掌握了现代化这一核心概念，而且体验感受了“科学、技术与社会”“全球联系”这两大跨学科主题的魅力，深刻理解了社会存在决定社会意识，社会意识反作用于社会存在这一唯物史观的丰富内涵(参见“从熟练到成熟”指标5.1“中学历史学科知识的层级结构”中举例说明的图示)。这种渗透学科统领性概念及呈现学科知识结构的教学，由于深谙学生的学情，适时地采用了概念的形成和概念同化策略，尽可能为每一位学生提供了运用唯物史观观察问题思考问题的平台和方法，学生不仅学到了历史事实，更理解了历史概念，学会了历史方法，并从中感受到了历史学习的功能和价值。

高中的历史教学可进行“中国的现代化”单元教学，将以下“中国的现代化”的教学内容按照必修一、必修二、必修三的教学进度设计成不连续的单元，使学生在初中历史学习的基础上对“中国的现代化”的内涵和外延有更深入的了解和理解，增强其历史思维和解决现实问题的能力。教学内容的建构简表如下：

<table>
<tr><th>教学内容</th><th>设计意图</th></tr>
<tr><td>辛亥革命</td><td rowspan="4">政治民主化、法制化</td></tr>
<tr><td>新中国的政治建设</td></tr>
<tr><td>社会主义政治建设的曲折发展（突出法制化）</td></tr>
<tr><td>新中国外交</td></tr>
<tr><td>近代工业的艰难起步（工业化起步）</td><td rowspan="4">经济工业化、商品化</td></tr>
<tr><td>民国时期民族工业的曲折发展（局部工业化）</td></tr>
<tr><td>中国社会主义经济建设的曲折发展（全面工业化的探索——工业化和计划经济）</td></tr>
<tr><td>改革开放（全面工业化的改革——工业化和市场经济，工业化和全球化）</td></tr>
<tr><td>新文化运动</td><td rowspan="2">思想理性化、科学化</td></tr>
<tr><td>马克思主义中国化的理论成果</td></tr>
<tr><td>新中国的科技、教育与文学艺术</td><td>文化多元化</td></tr>
<tr><td>中国近现代社会生活的变迁</td><td>社会大众化、生活化</td></tr>
</table>

【举例说明 6】 **中学地理教师把握的学科统领性概念及其知识结构**

能够在教学中渗透地理学科“位置与分布、地方、区域、空间的相互作用、人与环境关系”等统领性概念及呈现“地理事象—地理规律与原理—地理核心概念与观念—地理方法论与地理哲学”的地理学科知识结构。

8.3 形成体现独特思想和风格的丰富的教学艺术(策略)的知识。

【内容要点】

(1)自觉地将教育理论应用于教学实践。

(2)教学体现独特的学生观、教材观、教法观、评价观。

(3)不断总结提炼，形成独特思想和风格的丰富的教学艺术(策略)。

标 准	结 果 指 标
9. 科学与人文素养	9.1 深谙中华优秀文化，对其他文化具有选择性吸收和转化的能力。 9.2 具有较高的人文精神、科学和技术素养。

9.1 深谙中华优秀文化，对其他文化具有选择性吸收和转化的能力。

【内容要点】

(1)深谙祖国的历史和文化，熟悉祖国历史文化的内涵和阶段特征。

(2)具有传承中华优秀文化的强烈的责任感和具体行动，言传身教中华优秀文化。

(3)积极了解异域文化，吸收和转化其中有助于增进国际理解与多元文化交流的内容。

在社会科教学中自觉渗透国际理解教育(Education for International Understanding)。国际理解教育是指世界各国在国际社会组织的倡导下，以"国际理解"为教育理念而开展的教育活动。其目的是：①增进不同文化背景、不同种族、不同宗教信仰和不同区域、国家、地区的人们之间的相互了解和相互宽容；②加强他们之间的相互合作，以便共同认识和处理全球社会存在的重大共同问题；③促使每个人都能够通过对世界的进一步认识来了解自己和了解他人，将事实上的相互依赖变成为有意识的团结互助。

9.2 具有较高的人文精神、科学和技术素养。

【内容要点】

(1)深刻理解科学素养与人文精神的内涵，关注当代科学技术与人文研究的重大成果。走向卓越的社会科教师，视野更加开阔，积极关注当代科学技术发展与人文研究的重大成果。比如，知道21世纪自然科学的三大应用领域：材料、能源、信息；了解基因技术、纳米技术、互联网等技术对人类生活的革命性改变与迅猛发展的态势。

(2)具备创造与教学有关信息的能力，在运用信息工具、获取、处理、生成信息的基础上，辨别有效信息，迸发创造性思维的火花，产生新信息，达到收集信息的终极目的。善于运用接受的信息解决问题，让信息发挥最大的社会和经济效益。

维度二　专业实践

领域三　促进学生的学习与发展

标　准	结果指标
10. 创设良好的学习环境	10.1　能够根据学科特点和学生实际，创设能够满足学生学习需要、促进学生发展的物理环境和学习氛围。

10.1　能够根据学科特点和学生实际，创设能够满足学生学习需要、促进学生发展的物理环境和学习氛围。

【操作要点】

(1)建立和谐的师生关系，能够基于学生的发展需要，与学生共同创建安全的学习环境。

(2)创建民主、包容、富有挑战性(学生思维强度大，每一个学生都有来自同伴思维结果的“威胁”，学生能全身心地投入到对问题的研究上)的学习氛围，例如组织辩论会、对抗赛等，以促进学生独立思考，激发学生的创造力和学习的积极性。

标　准	结果指标
11. 设计合理的教学方案	11.1　整合多元教学目标，不仅关注学生获得知识、提高认知能力，还关注培养学生的责任感与非智力因素。 11.2　根据学生认知发展规律，整体安排学段教学进程和创造性地设计教学单元，能够进行教学设计背后的学理分析。 11.3　深谙不同类型知识的学习策略，具有丰富、系

续表

标　准	结果指标
	统且有创造性的教学策略，在教学设计中运用智慧优化教学过程。 11.4　设计中能有效运用多媒体手段，能为学生提供丰富的学习资源，以促进学生理解。 11.5　积极研究中高考的命题规则和评价标准，做好学生的复习指导与考试的整体设计。

11.1　整合多元教学目标，不仅关注学生获得知识、提高认知能力，还关注培养学生的责任感与非智力因素。

【内容要点】

在社会科学习中要重视发展学生的智力和非智力因素。一般认为智力因素包括六个方面：注意力，观察力，想象力，记忆力，思维力，创造力。非智力因素，指与认识没有直接关系的情感、意志、兴趣、性格、需要、动机、目标、抱负、信念、世界观等方面。在学生成长的过程中，非智力因素和智力因素一样，起着不可忽视的作用。智力因素和非智力因素有机地组合在所任社会科的课程目标中。

【操作要点】

(1)在学校教育中，目标分为三个层次：抽象宏观的学校培养目标、稍具体些的课程目标和单元或课时教学目标(将课程目标分解到操作化的程度，描述具体行为结果，引导教学展开)。

(2)整体把握所任社会科课程目标、学段目标、单元目标、课时目标及其联系。教学目标是教师在完成教学任务时所提出的概括性要求。是教学设计的基础和起点，所有教学活动都是为实现目标而设计。

(3)基于学习内容和学情分析确定具体而清晰的教学目标并进行科学表述：通过对课标及学习内容的分析，确定完成教学目标所需掌握的各知识点与技能要求以及教学重点；通过对学习者初始能力的分析确定教学的起点和教学难点；在教学内容和学习者分析的基础上，明确、具体、详细地阐明通过教学而使学生在教学活动中所要达到的学习结果或标准。

(4)教学目标的确定为制定教学策略及开展教学评价提供依据。

11.2　根据学生认知发展规律，整体安排学段教学进程和创造性地设计教学单元，能够进行教学设计背后的学理分析。

【操作要点】

(1)深入分析教材所涉及的基本事实，并画出单元知识框架。

(2)在分析中能够准确描述知识的纵向与横向联系。

(3)能够将知识置于某一个知识或能力框架内进行解读，并挖掘本单元知识在学生发展中的价值，进行教学设计背后的学理分析。

【举例说明】

文化史教学是历史教学的难点，如何在“深入理解教材”“善于挖掘教学内容在学生发展中的价值”的基础上确定学习重点，“承上启下的魏晋南北朝文化(一)”①的教学内容分析给出了很好的答案。

首先，以课标为依据，深入理解教材：

本课为人教版中国历史七年级上册的内容，《义务教育历史课程标准(2011 年版)》相关内容如下：

知道祖冲之的数学成就，初步认识书法艺术。了解北方农业技术的成熟和农历。

这是本课教学设计的依据。

其次，准确描述教学内容的纵向和横向联系及其原因。

三国两晋南北朝文化既呈现多元化的发展趋向，又为下一阶段隋唐文化盛世的发展积累基础，因此，这一时期文化呈现“承上启下”的特点。本节课是“魏晋南北朝文化(一)”，主要涉及科技部分内容。这一时期的科学技术在社会动乱的条件下取得辉煌的成就，但是，科学技术进步并没有使社会生产力走上持续发展的道路，主要原因是受社会动乱的制约。

最后，将教学内容置于学生学习的框架内进行解读，并挖掘本单元知识在学生发展中的价值。

学生是在学习过“第 19 课江南地区的开发”“第 20 课北方民族大融合”的基础上来学习本课的，可以调动学生已有的三国两晋南北朝史实作为本课学习的背景知识，将经济、政治与文化现象联系起来。

---

①　案例来源：由北京四中李明赞提供。

祖冲之及其圆周率体现了当时中国乃至世界数学的最高成就，应让学生通过探究祖冲之精算圆周率的原因理解其社会意义，这是该课的重点之一；郦道元和《水经注》为本课的重点之二。主要考虑是联系北京缺水的现实，了解古代北京河流沟渠的情况，增强对北京的热爱。

通过该教学重点的学习，学生既理解了祖冲之精算圆周率的不朽：满足了精算历法的需求，为农业大国奠定了隋富唐强的基础；也了解了今日缺水的北京往日的河网密布；从而理解了文化的内涵和价值；最重要的是学生们确立了做任何事情都要关注社会需求的价值观念，实现了历史教学的育人目的。

11.3 深谙不同类型知识的学习策略，具有丰富、系统且有创造性的教学策略，在教学设计中运用智慧优化教学过程。

【操作要点】

(1)根据不同类型知识的学习特点设计有效的学习活动。设计的学习活动目标明确，重点突出，注重关键性问题的解决，如设计好问题聚焦基本概念及其思想方法；注重采用“任务驱动”“问题解决”等教学策略，活动过程尽量使新知识、新方法与学生头脑中已有的知识建立实质性联系，从而激发学生的高水平认知。

(2)努力为学生创设参与学习的教学过程，引导学生多体验感受、多观察思考、多讨论思维碰撞，多发表各自的见解等，促进学生发现问题，解决问题，全方位地参与学习过程。

(3)这一阶段的教师使用的教学策略应更具有创造性，并以案例的形式将其固定下来，构成教学知识的一部分。

【举例说明】

以高中地理“锋面天气系统”为例，教学中围绕教学目标和教学组织的有逻辑性的教学进程如图所示：

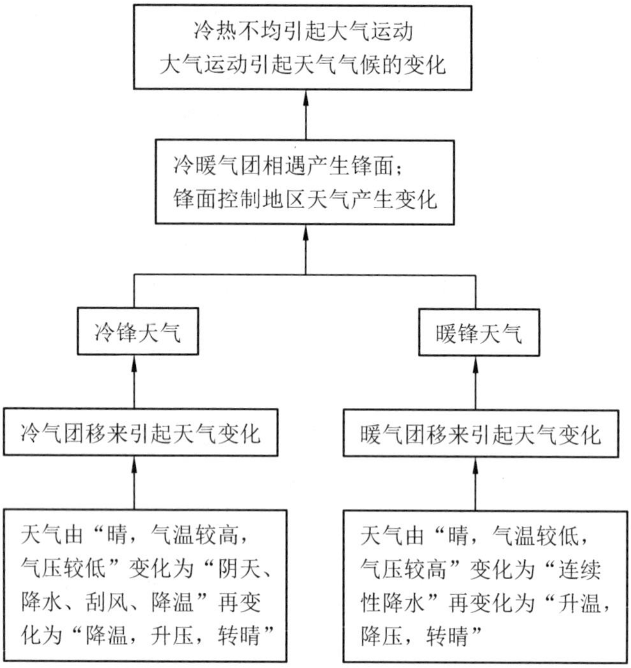

这样的教学过程既体现了知识的逻辑，也是教师的教学逻辑，更是学生的学习逻辑，教学效果很好。

11.4 设计中能有效运用多媒体手段，能为学生提供丰富的学习资源，以促进学生理解。

【操作要点】

依据教学目标选择教学内容的同时，还需要考虑教学内容的组织与呈现。教学内容的组织涉及两次逻辑转化，即将教材逻辑转化为学科逻辑，将学科逻辑再转化为学生的认知心里逻辑。在两次转化过程中，需要借助多媒体手段化解难点，为学生提供丰富的学习资源。只有这样，组织起来的教学内容学生才易懂易会。

很多课的问题不是出在教师讲解错误上，而是教学逻辑出了问题。有的是教学逻辑不清楚，导致教学费时低效；有的是教学内容的组织逻辑缺环或多环，给学生的认知带来很大负担。

【举例说明】　提供恰当而丰富的学习资源案例

恰当而丰富的学习资源的选择与利用既要符合学生的认知水平和学习情趣，又要围绕教学目标，为学生获得新的知识、能力和情感而服务。

“哺育我们的母亲河——孕育早期文明”一课教师围绕核心问题“半坡、河姆渡居民在衣食住以及生产方面比70万～20万年前的北京人怎样?”引导学生开展考古探究活动，精心选择了具有典型性和针对性的原始资料作为学习资源，让学生通过观察、归纳、分析、判断等思维活动，培养学生发现信息、提取信息、整合信息以及运用信息的说明问题的能力。

我们发现，教师并没有将考古资料全盘托出，每一张图片都是教师精心选择的，这种选择是教师在恰当评估了学生的认知基础和认知能力后来确定的。同时，几乎没有采用复原图和结论性的文字，呈现的是考古现场发现的第一手资料和图片描述性的文字，并且无规律的摆放在一起。显然，教师的目的是让学生回到事实，把思维的过程学生。即让学生面对真实情境，去经历探索发现的过程，使学生在大量的现象中发现事实、去思考、去判断，在应用知识的情境中形成能力。教师提供的学习资源简表如下：

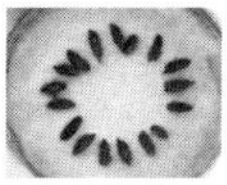	河姆渡遗址出土的炭化的稻种(米)		半坡遗址的磨制石器刀、凿、斧、铲		河姆渡房屋遗址
	半坡尖底瓶	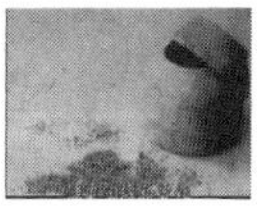	半坡遗址出土的粟(小米)和储存粟的陶罐	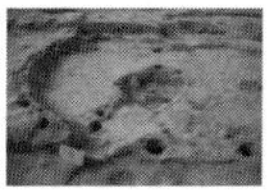	半坡房屋遗址
	半坡遗址出土的彩陶鱼纹盆	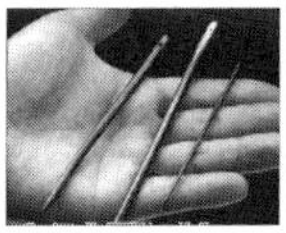	河姆渡遗址出土的骨针		河姆渡遗址出土的猪下颌骨，出土的猪骨总量约有二三百头猪

续表

	河姆渡遗址出土的平均厚40～50厘米的稻谷堆积层，约重120吨		半坡出土的底部有布纹的陶器			河姆渡遗址出土的骨耜和骨耜复原图

案例分析：该案例的学习资源的选择和使用的学习资源，看似“一切皆似无意间”，实则是独具匠心，即为学生建构概念，获得可迁移的观念、提升学生学习能力提供有力的支撑，体现了教师的正确的资源观。

11.5 积极研究中高考的命题规则和评价标准，做好学生的复习指导与考试的整体设计。

【操作要点】

这一时期的教师能够很好地处理教学与考试的关系，能够积极研究小升初以及中高考的命题规则和评价标准，整体设计复习与考试，指导学生进行有效复习。

【举例说明1】 **研究文综考纲的考核目标与要求**

以“文科综合能力测试”的考核目标与要求为依据，整体设计文综的复习与考试，促进学生整体、综合把握政治、历史、地理各科目知识及各科目之间的联系，注重培养多层次、多角度分析、解决问题的思维能力。“文科综合能力测试”的考核目标与要求简表如下：

目标/要求	Ⅰ	Ⅱ	Ⅲ
获取和解读信息	获取试题提供的信息，理解试题要求以及考查意图。	提炼信息的有效内容和价值，对其进行分析与整合。	组织和应用相关学科的信息，形成综合性的信息解读。
调动和运用知识	将所学知识与试题的形式和内容建立正确的联系。	准确运用相识和相关信息，认识和说明问题	体现学科渗透；运用相关学科的知识原理分析问题。

续表

目标/要求	Ⅰ	Ⅱ	Ⅲ
描述和阐释事物	正确表述事物的现象，准确描述和解释事物的特征。	把握事物的本质和规律，并作出正确的阐释。	辩证地、历史地考察事物，对事物进行学科的和跨学科的描述与阐释，意义完整。
论证和探讨问题	运用判断、归纳、演绎、比较、概括等方法论证问题。	在论证中观点明确、表述清晰、逻辑严谨。	综合运用相关学科的原理和方法论证和探讨问题，体现创新性思维。

注：其中“目标”即综合测试的能力目标，“要求”是分别对每一考核目标不同层次和水平的界定。

【举例说明2】**通过多种方式的单元梳理进行高考复习**①

1. 教师示范的单元梳理

中国近代前期的救亡图存脉络示意图如下：

近代前期

中国社会各阶级阶层争取民族独立或社会进步的努力

地主阶级：
- 抵抗派的斗争(以林则徐为代表)
- 改革派掀起的洋务运动　近代化第一步
- 清政府的“新政”和“预备立宪”　近代化尝试

农民阶级：
- 太平天国运动
- 义和团运动

资产阶级：
- 维新派推动的戊戌变法运动　政治近代化
- 革命派领导的辛亥革命　近代化的高潮
- 民主主义者发动的新文化运动　思想近代化

2. 教师给出单元梳理框架，学生建构内容

资本主义世界市场的形成简表如下：

① 案例来源：摘录自北京师范大学附属中学的白幼蒂老师的高考复习讲座。

项目	雏形 16 世纪	拓展 17—18 世纪	基本形成 19 世纪中	最终形成 19 世纪末 20 世纪初
推动因素				
市场范围				
交换物品				
特点				

3. 教师模拟高考出题，学生进行实战演习

高三年级开展“民主思想”的研究性学习活动。阅读材料，结合所学知识回答问题。

选题一：文艺复兴与古希腊人文思想

图 1　古希腊雕塑《掷铁饼者》

图 2　米开朗琪罗的雕塑《大卫》

(1)上面两张图片表达了怎样的共同思想内涵？结合材料和所学知识谈谈你对“复兴”的理解。

选题二：文艺复兴和启蒙运动

材料一　生存权是人最高的自然权利。在追求生活安全的思想指导下，人们通过契约建立国家。(斯宾诺莎)

材料二　要防止滥用权力，就必须用权力来约束权力，形成一种联合各种权力的政体，其各种权力既调节配合，又相互制约，即权力要分开掌握和使用。(孟德斯鸠)

材料三　行政权力的委托者绝不是人民的主人，而是人民的办事员；只要人民愿意，人民就可以委托他们，也可以撤换他们。(卢梭)

(2)根据材料分别概括三位启蒙思想家的观点，并据此说明启蒙思想对

文艺复兴的发展。

选题三：启蒙思想及其实践材料

启蒙思想的广泛传播并不是自然而然或不可避免的，而是社会改革者与革命者为争取权利与统治当局和贵族阶层不断斗争的结果。(新全球史)

(3)结合英、美、法早期资产阶级革命的史实，说明这一观点。

标　准	结果指标
12. 实施有效的教学活动	12.1　课堂教学富有激情，学生被教师对本学科的执著向往所打动，形成持久的学习动力。 12.2　具有果断的教学决策能力，能根据学生学习情况灵活调整教学的内容、顺序和方法，学生感到学习效率高。 12.3　高度关注学生的学习表现，敏锐捕捉教学中的关键问题，灵活处理生成性问题。 12.4　关注研究学生个体差异，因材施教，学生感受到教师的关心、理解和经常给予的帮助。

12.1　课堂教学富有激情，学生被教师对本学科的执著向往所打动，形成持久的学习动力。

【操作要点】

教学激情是教师在教学过程中受一定教学情境激发，为追求教学自由和实现教学理想而产生的昂扬亢奋的情绪状态，是一种教师热爱教学的情感与智慧完美结合所呈现的教学艺术现象。教学激情有利于顺利完成教学任务、达成教学目标。富有激情的教学语言开始向个性化的教学语言发展，富有感染力，而且时常具有幽默感，给学生创设出活泼、愉快的学习环境，促进语言学习。没有激情的教学则会缺乏灵性和感染力。

教学激情的形成需要教师良好的师德素养。只有具备高尚的师德，对教育事业、对学生强烈的热爱，才可能用自己的激情来打动学生、感染学生、启迪学生，使学生在情感升华中实现师生的共同提高。教学激情还有赖于教师的教学素养。深厚的知识积淀、丰富的生活积累、出色的语言修养、良好的应对素质、敏捷的思维能力等是教学激情产生的基础。

12.2 具有果断的教学决策能力，能根据学生学习情况灵活调整教学的内容、顺序和方法，学生感到学习效率高。

【操作要点】

(1)通过有效分组等方式，创造、丰富、巩固和不断调适教学环境，以捕捉和巩固学生兴趣，最为有效地使用教学时间。

(2)掌握一系列通用教学技能并知道适时按需选用每项技能。懂得何为无效和有害教学，故而致力于精心设计自己的教学。

(3)保持学生注意力来确保纪律井然的学习环境，组织教学以期学生实现学校目标。

(4)制定学生间、师生间交往规范，调动学生学习积极性，使学生即使在一时失败或不及格时仍然保持学习兴趣。

(5)善于调动学生和家长辅助教学，借鉴和使用同事的知识和专长以相辅相成。

12.3 高度关注学生的学习表现，敏锐捕捉教学中的关键问题，灵活处理生成性问题。

【操作要点】

高度关注学生的学习表现：

(1)能够认真倾听学生的发言，敏锐观察学生的课堂活动，根据捕捉到的反馈信息及时做出反应，以此实现真正的师生互动。

(2)鼓励学生大胆发言，耐心等待学生的表述。

(3)引导学生养成发言要面向全班同学、向听众负责的习惯，认真倾听同学发言并做出善意反应的良好习惯和交际能力。以此实现真实有效的生生互动。

(4)把课堂发言的评价权交给全班学生。

(5)运用口头语言(鼓励表扬为主)、表情、体态语(鼓掌、摇头、握手等)及时对学生的发言或行动做出评价，以正强化或负强化的方式促进学生的反应或保持学习量。

捕捉关键问题，灵活处理生成性问题：

(1)根据教学设计时构想的主问题，选择恰当的时机和对象、以恰当的方式提问。必要时对主问题进行变通处理。

(2)根据课堂上变化的学情，临时提出一些散问题，或引起学生注意，或促进知识掌握，或启发思考。

(3)根据学生回答问题的情况，进行灵活有效的追问，对困难者起支架作用，对优秀者起深化和拓展作用。

(4)鼓励学生提出问题，重视培养学生的问题意识。

12.4　关注研究学生个体差异，因材施教，学生感受到教师的关心、理解和经常给予的帮助。

【内容要点】

学生的个体差异有两种情况，一是学习能力和水平的高低差异；二是不同个性和认知风格的差异。这一阶段的教师比一般教师更能关注到学生的个体差异；在教学中，能够尊重和鼓励必要的差异，同时又能长善救失。

【操作要点】

(1)在班级授课制条件下，尽量关注每一个学生，不满足于少数积极学生烘托的课堂气氛，对沉默和边缘的学生予以特别关注。

(2)利用提问、目光交流、走动接近、个别指点等形式，对沉默和边缘的学生提供感情和智力的支持，特别是对学困生给予关怀和帮助。

(3)尊重和鼓励必要的差异，主动为学生提供展示差异的机会和安全的心理环境。

(4)了解学生的不同个性、不同的学习风格和学习态度，适当给予他们不同的学习任务和要求，布置作业有一定的弹性和选择性，让各个层次的学生都有发展的机会。

(5)针对学生的个体差异，运用面谈、笔谈等形式，进行有效的个别化指导。

(6)采取适当策略利用学生差异，并将其转化教学资源。

标　准	结果指标
13. 培养良好的学习习惯与指导学生学习	13.1　系统掌握多种学习策略，有计划地进行策略性知识的教学，学生能够感受到在教师的指导下，逐渐形成有效学习策略。 13.2　注意培养学生的问题意识、创新思维能力和实践能力，学生感到学习处于追求新目标和解决更高层次问题中。

13.1　系统掌握多种学习策略，有计划地进行策略性知识的教学，学生能够感受到在教师的指导下，逐渐形成有效学习策略。

【内容要点】

认知心理学将知识分为陈述性知识、程序性知识和策略性知识，策略性知识指如何学习、记忆或解决问题的一般方法，包括应用策略进行自我监控的方法。策略性知识有助于学习者学会学习、记忆和思维，能改变一个人的智能状况。策略性知识的掌握程度决定着一个人的学习效率。这一阶段的教师可以频繁地应用策略性知识，使陌生问题逐渐转变为自己熟悉的问题或可以控制的问题，以达到解决问题的目的。

【操作要点】

(1)教师经过长期的工作实践、理论学习和归纳总结，建立自己更完善和复杂的策略性知识结构。

(2)了解学生策略性知识的表征形式，以便能对策略性知识的学习做出正确的评价。

(3)强调策略性知识的作用，激发学生学习策略性知识的内在动力。

(4)在具体情境中有计划地进行策略性知识教学：针对具体的问题情境，教师善于把自己内隐的思维过程展开，让学生模仿和学习。

(5)注意为学生提供运用与深化策略性知识的教学情境，使学过的策略不断得以运用和巩固。

(6)制定系统、长期的策略性知识教学目标，教师给学生充分的消化和理解的时间，并经常运用，以掌握策略性知识。

13.2　注意培养学生的问题意识、创新思维能力和实践能力，学生感到学习处于追求新目标和解决更高层次问题中。

【内容要点】

培养学生提出问题，并用多种方法解决问题的能力。为理解而教学，帮助学生学会从不同的角度看问题、用多种标准度量事物，寻找一个问题的多种解题方法。

【操作要点】

(1)能够对学生的思考和探究进行分析诊断。

(2)能够对如何提高学生的独立思考和主动探究提出意见和方案。

(3)能够较好地把教学活动、教学评价与独立思考和主动探究结合起来，提高实践能力。

(4)逐渐培养质疑的习惯，以形成创新精神。

标　准	结果指标
14. 开展多元的学习评价	14.1　在评价主体、内容、方式和结果上体现多元的思想，学生感受到评价促进自己的发展。 14.2　善于运用评价结果，对学生的学习提出合理的建议，学生乐于接受和运用教师的建议。

14.1　在评价主体、内容、方式和结果上体现多元的思想，学生感受到评价促进自己的发展。

【内容要点】

学习者的能力是多方面的，每个学习者都有各自优势。学生在意义建构过程中，表现出来的能力不是单一维度的数值反映，而是多维度、综合能力的体现。因此评价也应在主体、内容、方式等方面体现多元思路。

(1)评价主体多元。善于运用学生自评、生生互评以及师生互评等方式实现评价主体多元。评价主体包括学生、教师、家长、专家、其他参与者。

(2)评价内容多元。评价内容应包括对学生知识、能力、情感等多个方面，注重学生的参与，着眼于评价的激励作用，发展和挖掘学生潜能。

(3)评价方式多元。根据评价目的和内容灵活选择考试、成长档案袋等评价方式，以实现过程性(如课前准备、课堂表现、协作意识以及课后作业等)评价和结果性评价(如考试等)的结合。

(4)评价结果多元。为了尊重学生的个体差异，设计活动成果评价，对学生在学习过程中所参与的学习活动进行的评价，如调查访问、撰写小论文、观察记录、实践活动、自制作品、知识竞赛、设计专刊、实验操作等，以关注每位学生的全面发展。

【操作要点】

(1)在活动过程中监控学生表现。在关键时刻，教师要通过提问、考察活动实施情况、观察学生作品等手段，循序渐进检查学生是否有足够的进步；

(2)教师用正式和非正式的方式，阶段性或累计性的评估学生是否进步，包括进展检查和总体考核。

(3)教师运用不同手段包括来自家庭的信息，评价学生的参与过程和具体行为，能根据学生的需要知道何时和如何运用具体的评价手段。

(4)在学生自评和生生互评时，要引导学生从优点、不足、改进建议三个方面谈，要把优点说足、不足说准、建议说到位。

(5)善于根据评价目的和内容，灵活选择评价方式，以实现过程性评价和总结性评价的有机结合。

(6)制定相应的评价标准。

【举例说明1】 **“辛亥革命”学习效果的多元评价**

每个学生各方面发展存在差异，即使同一个学生，在不同阶段的发展水平和发展程度也有一定差异。

“辛亥革命”学习效果评价设计①：

从课前准备、课堂表现、协作意识以及课后作业四个方面进行评价。因为不同的孩子有着不同的性格特点，有的孩子长于搜集资料，有的孩子长于口头表达，有的孩子虽然思维敏捷却性格内敛，用任何单一标准对他们来说都是有失公平的。评价量规如下：

<table>
<tr><td>评价项目</td><td>课前准备</td><td>课堂表现</td><td>协作意识</td><td>课后作业</td></tr>
<tr><td>项目比重</td><td>10%</td><td>30%</td><td>20%</td><td>40%</td></tr>
<tr><td>项目要求</td><td>认真完成调查问卷；
认真预习；
查阅收集有关资料。</td><td>认真思考，
积极回答，
做好笔记。</td><td>尊重同学，
互相启发，
协作礼让。</td><td>发挥所长，
体现独立思考。</td></tr>
<tr><td rowspan="2">学生姓名：</td><td colspan="2">学生自评：</td><td colspan="2">学生互评：</td></tr>
<tr><td colspan="2">教师评价：</td><td colspan="2">综合评价：</td></tr>
</table>

注：评价等级由低到高分为五级：★，★★，★★★，★★★★，★★★★★。

① 案例来源：选自北京月坛中学贾海燕老师的“辛亥革命”课例。

该评价量规包括诊断性评价和过程性评价，不仅对课前、课堂、课后各环节的学习态度、学习表现和学习质量进行了评价，而且对自主学习、协作意识进行评价，评价主体多元包括学生自评、学生互评、教师评价、综合评价等等，能最大化地促进学生学习。

孩子们的爱好和特长也各不相同：有的孩子擅长写作，有的孩子擅长美术，还有的同学喜欢用漫画来表达他们心中的历史。在四个评价项目中，课后作业最能让每一个学生都发挥所长，激发兴趣，并有所收获。

课后作业的形式——自主择“业”：

● 编写课本剧。剧本要求：能体现辛亥革命后的社会巨变，表演时间约 5 分钟。

● 请你开动脑筋，为辛亥革命设计一个纪念章，并为你的设计附上一个简单的说明。

● 喜欢调查研究的你，又可以大显身手了。请你做一个关于中山装的调查。你可以当一个小记者去做访谈，也可以在网上查找相关资料。试试吧，一定会有收获！

● 文字功夫了得的你一定按捺不住了吧？学习完“辛亥革命”这一课，一定有很多感想吧？把你的智慧凝结成文字，让大家一起分享吧！

【举例说明 2】 **思想品德的多元评价方式**

思想品德学科倡导的学习评价方法主要有观察、描述性评语、项目评价、谈话、成长记录、考试等。教师在教学中要善于灵活应用这些方法，对学生的学习进行过程性评价和结果性评价的有机结合，以达到通过评价促进教师改进教学、学生全面发展和完成课程目标的目的。

(1)观察。思想品德教师要善于在自然状态下，有目的、有计划地观察学生在日常学习、生活中所表现出来的情感、态度、能力和行为，并记录下来，作为对学生进行引导和评价的依据。

(2)描述性评语。思想品德教师在与学生进行充分交流的基础上，要善于用描述性的语言将学生在思想品德某一方面的表现，如态度、能力和行为等写成评语，评语应采用激励性的语言。

(3)项目评价。思想品德教师在教学中按照不同项目将学生分成若干小组，由学生自主设计活动计划，可以围绕真实的社会生活问题进行活动。要求学生收集、组织、解释或表达信息，如提交调查报告或小论文等。师生可以就小组成就进行分析，将小组评价与个人评价相结合。

(4)谈话。教师通过与学生各种形式的对话，获得学生思想品德发展状况的信息，据此对学生进行引导和评价。

(5)成长记录。建立学生的成长足迹袋。记录学生在本课程学习中的各种表现，主要是进步和成就。以学生的自我记录为主，教师、同学、家长共同参与，学生以评价对象和评价者的双重身份参与评价过程。

(6)考试。考试方式应灵活多样，如辩论、情景测验等，纸笔测验只是考试的一种方式，避免用终结性的、单一的知识性考试来对学生思想品德课程的学习及思想品德状况做出评价。

14.2 善于运用评价结果，对学生的学习提出合理的建议，学生乐于接受和运用教师的建议。

【操作要点】

(1)为了实现学生的发展的评价目的，采用定性与定量相结合的方式，恰当地呈现和利用评价结果。

(2)知道如何准确地解释某个人或某个组的评价结果，使学生知道问题的所在，以便改进自己的学习。

(3)给学生具体及时的学习情况反馈信息，保存总结学生成绩的准确记录。

(4)向家长和学生解释活动过程中行为举止的优点、不足，进步、提高的具体表现，介绍成绩和进步的依据，给学生提出合理建议，从而促进他们改进学习。

标　准	结果指标
15. 促进有效的课堂管理	15.1　善于运用科学而灵活的方法组织课堂教学，善于调动学生的积极性，开展各种组织形式的教学，学生感到自我管理能力与合作能力逐渐提高。

15.1　善于运用科学而灵活的方法组织课堂教学，善于调动学生的积极性，开展各种组织形式的教学，学生感到自我管理能力与合作能力逐渐提高。

【操作要点】

(1)根据班级的实际状况，选择运用科学而灵活的方法组织学生开展各种教学活动。教师对所教班级学生的群体特征掌握十分准确，对学生的个性差异充分了解，组织教学的方法丰富，对方法与任务的适应性有较强的判断能力。

(2)学生参与热情高，思维有深度；教学活动活泼有序，充分落实教学目标，使学生在参与教学活动的同时，分析问题解决问题的方式方法等思维能力均能受到锻炼、得到发展。

(3)教师赢得了学生的尊重，师生关系和谐、民主，在全员参与实践活动中能够彼此期待合作、迎接共同的挑战。

标　准	结果指标
16. 渗透思想品德教育与生活技能教育	16.1　能够基于学科特点、内容和学生的实际，主动采取恰当、多样、有效的方式渗透思想品德教育，学生感到道德观及价值观积极形成。 16.2　结合学科内容和学生实际，对学生渗透生活技能教育，使学生感到生活技能的收获。

16.1　能够基于学科特点、内容和学生的实际，主动采取恰当、多样、有效的方式渗透思想品德教育，学生感到道德观及价值观积极形成。

【操作要点】

基于社会科育人为本的学科性质，从学生的认知水平和年龄特征出发，充分挖掘教学内容的价值观资源，并采用主题教育活动、参观博物馆、观看历史题材的影片、社会实践等方式渗透思想品德教育。

【举例说明】

“祖冲之推算圆周率”是初一历史“魏晋南北朝文化”的重要内容。探究“祖冲之为何精算圆周率”“精算圆周率的价值”“祖冲之为何伟大”等问题，能有效地激活学生的求知欲望。

祖冲之推算圆周率是精确历法的需要。古代中国是农业大国，基本上是“靠天吃饭”，人们迫切希望制定精确的历法，以把握季节轮替、气候变化的规律，指导农业生产，合理安排农事。为了把握太阳、地球、月亮等天体的椭圆(近乎圆)运行规律，需要精算圆周率。

精确的圆周率为祖冲之制定《大明历》奠定了基础。精确的历法为农业生产的丰产增收提供了可能，为南北朝后的“隋富唐强”奠定了基础。

中国古代数学家孜孜不倦地精算圆周率，是为了解决人们生产生活的需要。祖冲之有效地解决了这一重大问题，因而不仅是伟大的数学家，也是伟大的天文学家。要使自己成为对社会有用的人需要从小确立做任何事情都要关注社会需求的价值观念。

16.2 结合学科内容和学生实际，对学生渗透生活技能教育，使学生感到生活技能的收获。

【操作要点】

开展生活技能教育要结合社会科的学科特点、不同年级学生的年龄特征和个体差异，以提高学生的社会心理能力，掌握处理问题的特殊技巧，增强学生的自我意识，预防学生的问题行为为目标，除了采取学科教育教学方式，主题教育活动方式，班会、团队活动方式，社会实践方式等渗透生活技能教育，还可采用以下两种方式：

(1)竞赛方式渗透，是指通过各种竞赛活动，如学科知识竞赛、主题探究活动竞赛、创意活动竞赛、演讲活动竞赛、运动项目竞赛等，渗透生活技能教育。

(2)国际交流方式渗透，是指通过跨国、跨境的校际交流、学生社团交流、学生访学交流等形式，渗透生活技能教育。

标　准	结果指标
17. 实施积极的安全教育与健康教育	17.1　对学生的人身安全有高度的责任感，能积极开展以预防为主的安全教育、健康教育，为有需要的学生提供支持和帮助。

17.1　对学生的人身安全有高度的责任感，能积极开展以预防为主的安全教育、健康教育，为有需要的学生提供支持和帮助。

【操作要点】

(1)从尊重生命与博爱的高度关注每一个学生的安全。

(2)掌握一些心理咨询的方法与技巧，善于发现学生的问题，愿意为学生提供真诚的帮助。

(3)注重积累对突发事件的处理经验与有效的施救方法，并能运用这些方法，在需要时运用。

领域四　教育教学研究与专业发展

标　准	结果指标
18. 教育教学反思与行动研究	18.1　思维敏锐，对情景产生直觉的、深刻的、整体而全面的理解，能够很快辨认出显著的信息，关注异常的信息；具有分析性思维和概念性思维的能力。 18.2　善于提出并解决教育教学中的重要问题，开展教育教学改革实验，深入研究教育教学规律，形成独特的教育教学思想或教学风格。 18.3　注重研究成果的形成，能够在学术刊物上发表研究论文或出版专著，使研究成果具有更广泛的辐射作用，并使成果得到同行的关注、讨论和认可。

18.1　思维敏锐，对情景产生直觉的、深刻的、整体而全面的理解，能够很快辨认出显著的信息，关注异常的信息；具有分析性思维和概念性思维的能力。

【内容要点】

这一阶段教师的思维敏锐，其分析性思维和概念性思维可从其课例研究体现出来：能够研究并积累社会科教学中不同类型的课例，在不断的反思中主动探索教学规律，创新教学策略。

【操作要点】

(1)通过查阅资料、参观学习、请专家讲学等形式，探讨关于课例研究的理论和方法，为课例研究和创新打好理论和方法基础。

(2)通过学习理论、深入教学实践，发现教育实践中存在的问题，通过对问题的分析，提出要研究的课例。

(3)以解决当前的课堂教学问题为价值取向确定课例研究主题；围绕研究主题选课，开展各种课例研究，例如，问题式课例研究、主题式课例研究、混合式课例研究和意外式课例研究等，积累不同类型课例。

(4)设计新型课例研究。明确主题，提出创新的目标、方案、计划，明确研究或创新的内容、方法、手段，以“原生态课”真实过程为案例，探索教学规律，创新教学策略。

(5)对实践过程进行理论总结，核心问题表现为以下三个方面：

①对自己的经验：批判性、结构化。

②对所从事的事业：占有资源、处理资源、深度思考、形成思想和行为(教育科研)。

③成事先成人：人格特征——忠诚(已经具备)、智慧(教育科研、积累、深刻性和丰富的联想)、勇气(自信、周全、别人的帮助、成功的体验)。

18.2　善于提出并解决教育教学中的重要问题，开展教育教学改革实验，深入研究教育教学规律，形成独特的教育教学思想或教学风格。

【操作要点】

(1)知识逐渐深广。为了研究问题，千方百计地争取学习机会，他们的知识与能力结构在这个不断地由目标到反馈的自我监控过程中得到更新与扩展。

(2)教育工作面向学生。他们把课堂上的注意力由自己的活动转向关注学生的反应和对学生的引导，更多地关注和研究学生的心理、需要、学习方法等。

(3)走向成熟。随着教育教学经验的积累，他们在学生时代学习的理论和在实践工作中学习的优秀教师的经验，都逐步内化为对教育真谛的深刻理解，形成了教育观念，并用这种观念指导着自己的教育行为。他们的敬业精神来自对教育的理解，来自于教育的成功体验。他们优良的个性品质和健全人格也在教育活动中磨砺而成，并形成独具个性的教学风格。

(4)具有初步的教育决策能力，经常思考、判断、行动、反思，他们比前两阶段的教师拥有更多的专业自主权，不仅为自己量身制定了职业生涯规划，而且根据自我发展条件和社会发展需要确定了自己研究的主攻方向，自主提高专业发展能力。

18.3 注重研究成果的形成，能够在学术刊物上发表研究论文或出版专著，使研究成果具有更广泛的辐射作用，并使成果得到同行的关注、讨论和认可。

【操作要点】

(1)能够在教育教学实践中不断提出有研究价值的问题，有个人的研究课题。

(2)搜集教育教学方面的信息，并进行记录、整理、归类、综合，为教育教学研究提供翔实的数据、资料和案例。

(3)进行理论构建或理论分析，提炼观点、以论据支撑观点。

(4)通过发表论文或出版专著，辐射成果的影响力。

标 准	结果指标
19. 团结协作与经验分享	19.1 把自己的经验结构化、形成可以传递的知识形态；引领团队的专业研修活动，团队成员能够受到启发并产生把研修结果运用到工作中的动机。 19.2 作为专业领域的领军人物，在专业学会和广大教师中发挥引领作用。

19.1 把自己的经验结构化、形成可以传递的知识形态；引领团队的专业研修活动，团队成员能够受到启发并产生把研修结果运用到工作中的动机。

【操作要点】

(1)优秀教师在团队中的示范和引领作用至关重要。

(2)团队涉及不同层次，比如教师所在的备课组、教研组或者名师工作室等。

(3)专业研修活动包括同年级的集体备课活动、教研组的课题研究、教师个人及其团队参与的区(县)、省市及国家级等课题研讨活动等。

19.2　作为专业领域的领军人物，在专业学会和广大教师中发挥引领作用。

【操作要点】

(1)积极参加社会科任教学科专业学会、中国教育学会等学术团队的研讨活动，并能在相应的研讨会上发表论文，阐述自己的观点，或者参与具体的研讨。

(2)将参与这种研讨活动的收获与自己所在团队的成员分享，为团队中的青年教师搭建发展的平台。

标　准	结果指标
20. 终身学习与持续发展	20.1　具有高度的专业敏感性和吸收、转化能力。 20.2　不断给自己规划更高的职业目标，行走在能力的极限上，不断促进知能持续发展。

20.1　具有高度的专业敏感性和吸收、转化能力。

【操作要点】

(1)善于学习是优秀教师专业成长的关键，是优秀教师实现可持续发展的基础。在知识爆炸的时代，为了更好地促进学生的学习，教师必须保持学习新知识的热情，通过自学、参加培训、在职进修等多种途径，丰富或更新自己的知识积累，不断地优化、完善自己的知识结构。

(2)任务驱动是开展学习的发动机和助推器。将自己认定的问题作为具体任务，使自己自然而然地甚至不可遏制地进入渴望学习、渴望发展的状态。

20.2　不断给自己规划更高的职业目标，行走在能力的极限上，不断促进知能持续发展。

【操作要点】

(1)能够在更本质、更理性的层面上领会和描述问题。

(2)意识到自己的错误、不理解的原因和问题解决中遇到的困难。

(3)“专家把资源投入到追求新目标和解决更高层次问题中，而这些问题是以前没有能力解决的，在能力极限边缘上工作是专家的特征之一，进取型解决问题使专家的知能持续发展。而非专家则运用常规解决‘问题’，所以需要他们解决的‘问题’越来越少。如果总是把问题降低到用自己已经学会的模式和程序来解决，就会使人停滞不前。”①

① 该观点由伯雷特和斯卡达玛丽亚(Beretier. C. & Scardamalia. M.)1993年提出。顾玲沅在给徐碧美的《追求卓越》(人民教育出版社，2003，序二，第5页)一书写序时对该观点作了如下概括：“专家选择以成长机会‘最大化’的方式处理任务，在‘能力极限边缘工作’；专家不断把看似常规的行为‘问题化’。凭着大脑资源再投入用以解决拓展性的新问题。”

参考文献

[1] 北京市小学教师基本功培训与展示活动培训手册．2008.
[2] 陈晓慧．教学设计(第2版)．北京：电子工业出版社，2009.
[3] 陈新民．美国加利福尼亚州历史一社会科学课程评介．浙江教育学院学报，2005(5).
[4] 方美玲．历史新课程教学与教师成长．北京：中国人民大学出版社，2009.
[5] 范良火．教师教学知识发展研究．上海：华东师范大学出版社，2003.
[6] 高峡．小学社会课的研究与实验．北京：北京师范大学出版社，2004.
[7] 高峡、赵亚夫．新课程与新教学的探索．北京：北京师范大学出版社，2003.
[8] 何平、沈晓敏：社会科课程目标的结构、内容和表述方式探析——基于中美社会课程标准的比较．全球教育展望，2008(9).
[9] [美]H. Lynn Erickson. 概念为本的课程与教学．兰英译．北京：中国轻工业出版社，2003.
[10] 教育部基础教育司组织，地理课程标准研制组编写．全日制义务教育地理课程标准(实验稿)解读．武汉：湖北教育出版社，2002.
[11] 江晔、刘兰．地理课堂教学技能训练．上海：华东师范大学出版社，2008.
[12] 李方、钟祖荣．教师专业标准与发展机制——教师专业化国际研究译文集．北京：北京出版社，2004.
[13] 李晶．科学教师培训系列课程．北京：北京科技大学出版社，2006.
[14] 美国国家社会科协会研制．美国国家社会科课程标准——卓越的期望. 高峡，杨莉娟，宋时春译．北京：教育科学出版社，2008.
[15] 皮连生．学与教的心理学(修订版)．上海：华东师范大学出版

社，1997.
[16] 沈晓敏，何平．论社会科课程的一体化——来自美国社会科的启示．全球教育展望，2008(3).
[17] 施良方、崔允漷．教学理论：课堂教学的原理、策略与研究．上海：华东师范大学出版社，1999.
[18] 檀传宝．建立教师专业标准应当考虑的三个问题．教育科学，2004(2).
[19] 王文岚．社会科课程中的公民教育研究．北京：中国社会科学出版社，2006.
[20] 王远美、李晶、方美玲等．北京市中小学教师专业标准研制的思考．北京教育学院学报，2010(4).
[21] 王远美、李晶、方美玲．研制首都中小学教师专业发展标准及指导的思考．教师培训研究与评论(第 2 辑)．北京：北京师范大学出版社，2011.
[22] 王远美、赵聪．品德新课程教学与教师成长．北京：中国人民大学出版社，2010.
[23] [美]温·哈伦．科学教育的原则和大概念．韦钰译．北京：人民教育出版社，2010.
[24] 徐碧美．追求卓越．北京：人民教育出版社，2003.
[25] 阳光宁．社会科教育学概论．合肥：合肥工业大学出版社，2006.
[26] 杨开成．教学设计——一种技术的视角．北京：电子工业出版社，2010
[27] 张治国．美国四大全国性教师专业标准的比较及其对我国的借鉴意义. 外国教育研究，2009(10).
[28] 赵亚夫．国外历史课程标准评介．北京：人民教育出版社，2005.
[29] 赵亚夫．试论社会课程的基本理念与知识整合原理．首都师范大学学报(社会科学版)，2002 年增刊．
[30] 中华人民共和国教育部. 义务教育品德与生活课程标准(2011 年版). 北京：北京师范大学出版社，2012.
[31] 中华人民共和国教育部. 义务教育品德与社会课程标准(2011 年版). 北京：北京师范大学出版社，2012.

[32] 中华人民共和国教育部. 义务教育思想品德课程标准(2011 年版). 北京：北京师范大学出版社，2012.

[33] 中华人民共和国教育部. 义务教育历史课程标准(2011 年版). 北京：北京师范大学出版社，2012.

[34] 中华人民共和国教育部. 义务教育地理课程标准(2011 年版). 北京：北京师范大学出版社，2012.

[35] 中华人民共和国教育部. 义务教育地理课程标准(2011 年版)解读. 北京：高等教育出版社，2012.

[36] 中华人民共和国教育部. 普通高中政治课程标准(实验). 北京：人民教育出版社，2003.

[37] 中华人民共和国教育部. 普通高中历史课程标准(实验). 北京：人民教育出版社，2003.

[38] 中华人民共和国教育部. 普通高中地理课程标准(实验). 北京：人民教育出版社，2003.

[39] 钟祖荣.《易经》乾卦的过程思想与教师发展阶段理论，北京教育学院学报，2011(3).

[40] 朱旭东. 教师教育标准体系的建立：未来教师教育的方向. 教师教育，2010(6).

[41] 走进新课程. 丛书编委会组织，地理课程标准研制组编写. 普通高中地理课程标准(实验)解读. 南京：江苏教育出版社，2004.

后 记

2009年，北京教育学院承担的“北京市教师教育创新平台”项目启动。在该项目下，成立了由李晶教授领导的教师专业发展标准研究课题组，开始了中小学教师专业发展标准的研究。课题组经过大量的问卷调查、教师访谈、课堂观察等实证调研、国内外已有研究成果的文献分析、对标准条目的反复论证和完善，完成了中小学教师专业发展总标准的研制。

根据课题组的要求，社会科分册遵照总标准的框架，针对社会科的特点，以内容要点、操作要点和举例说明的方式解析了20条标准，形成55条“新手到熟练”、63条“熟练到成熟”和49条“成熟到卓越”的“结果指标”，作为指导教师应用本标准的建议。

社会科分册是下述作者集体智慧的结晶：本册主编为方美玲，副主编为姚春平、王远美。课题组主要成员为方美玲、姚春平、王远美、李春艳。

本册的第一部分由钟祖荣、李晶撰稿。

第二部分由王远美、钟祖荣、李晶、陈晓波、方美玲、白桂香、方金秋、齐宪代、李万峰等组成的研究小组开发。车华玲、刘月艳、吕俐敏、赵力、高宝华、刘军、张祥兰、宋艳、王淑华、李雯、杨秀治、曹新美、冯启磊等参加讨论。

第三部分的“健全人格与职业道德”部分由张红、杨秀治、迟希新、肖北方和伍芳辉编著；“学科与教育教学专业知识”“促进学生的学习与发展”部分中的小学品德与生活部分由王远美编著，小学品德与社会部分由姚春平编著，中学历史部分由方美玲编著，中学地理部分由李春艳、曾早早、何妮妮、唐小波和张素娟编著，初中思想品德和高中思想政治部分由王远美编著，其他公共部分由钟祖荣、白桂香、李雯和王远美编著；“教育教学研究与专业发展”部分由李晶、陈晓波编著。

感谢北京师范大学的朱汉国教授（历史）、王民教授（地理）和中央教科所的高峡研究员（政治）对社会科书稿的悉心审阅，并提出了中肯的修改建议。

由于编著者学术研究能力和学术视野的局限，对社会科综合课程内容的研究尚不充分，以及教师专业发展标准及指导的研制具有基础性和复杂性而且研究还处在初期的探索中，本册内容难免存在一些纰漏，恳请读者批评指正！

方美玲

2012 年 3 月 15 日